I0011369

Vorwort

In diesem Buch zeige ich Ihnen die Installation und Einrichtung von System Center 2012 R2 Configuration Manager (SCCM) sowie erste Schritte in der Verwaltung des Servers. Ich arbeite seit über 22 Jahren in der IT, in den letzten 10 davon als Autor von aktuell fast 90 Fachbüchern, darunter die offiziellen Handbücher für mehrere Windows-Server-Versionen bei Microsoft Press.

Sie lernen in diesem Buch, wie Sie mit System Center 2012 R2 Configuration Manager (SCCM) Ihre Server und Clientcomputer im Netzwerk effizient verwalten, Betriebssysteme installieren und Anwender oder Patches zentral verteilen. Ich zeige Ihnen, wie Sie professionell Pakete, Sammlungen und Verwaltungsaufgaben erstellen und automatisiert durchführen.

Hierzu habe ich für Sie die verschiedenen Möglichkeiten und Neuerungen von SCCM 2012 R2 zusammengestellt. Sie lernen zum Beispiel, wie Sie SCCM 2012 R2 problemlos installieren, SQL Server 2012 SP1/SP2 verwenden, Office 2013 im Netzwerk verteilen oder Windows 8.1 automatisiert installieren. Auch verschiedene Tipps und Techniken zur Verwaltung zeige ich Ihnen in den verschiedenen Kapiteln. Sie sehen auch Anleitungen, wie Sie Fehler beheben, Zusatzwerkzeuge nutzen, und wie SCCM in den Grundlagen funktioniert.

Freuen Sie sich darauf, Ihre Computer und Server mit SCCM zu verwalten und über das Netzwerk schnell und einfach Anwendungen zu verteilen. Ich wünsche Ihnen viel Spaß mit meinem Buch zu System Center 2012 R2 Configuration Manager.

Auf meinem Blog finden Sie zahlreiche Links zu weiteren Artikeln, Büchern und Videotrainings. Viele stehen kostenlos zur Verfügung, andere kosten etwas Geld. Alle haben aber eines gemeinsam: Sie lohnen sich und wurden von einem Praktiker für Praktiker erstellt:

http://thomasjoos.wordpress.com

Ihr Thomas Joos

Bad Wimpfen, im Dezember 2014

Um SCCM zu installieren, sollten Sie im ersten Schritt einen Server mit Windows Server 2012 R2 installieren, alle Updates auf dem Server installieren und diesen in die Domäne aufnehmen. In den weiteren Schritten bereiten Sie dann die Umgebung für SCCM 2012 R2 vor. In einer Testumgebung benötigen Sie außerdem noch einen Datenbankserver und mindestens einen Domänencontroller.

Active Directory für SCCM vorbereiten

Bevor Sie SCCM im Netzwerk installieren können, müssen Sie das Active Directory vorbereiten. Im ersten Schritt legen Sie mit dem ADSI-Editor einen neuen Container an, der wichtige Daten der SCCM-Infrastruktur verwaltet. Starten Sie dazu den ADSI-Editor über die Startseite, und klicken Sie mit der rechten Maustaste auf *ADSI-Editor*. Wählen Sie danach *Verbindung herstellen* aus. Im Verbindungsfenster aktivieren Sie die Option *Standardmäßiger Namenskontext* und *Bekannten Namenskontext auswählen*.

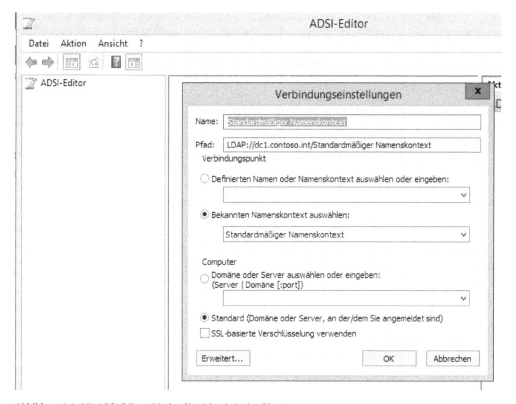

Abbildung 1.1: Mit ADSI-Edit verbinden Sie sich mit Active Directory

1. Navigieren Sie im Fenster zu *Standardmäßiger Namenskontext\<Name der Domäne>\System*.

2. Klicken Sie mit der rechten Maustaste auf *System* und wählen Sie *Neu\Objekt*.

3. Wählen Sie im Fenster die Option *Container* aus und geben Sie diesem den Namen „System Management".

4. Lassen Sie den Container mit den Standardoptionen erstellen.

Öffnen Sie danach mit *dsa.msc* das Snap-In *Active-Directory-Benutzer und -Computer*. Aktivieren Sie die Option *Erweiterte Features* im Menü *Ansicht*. Öffnen Sie danach auf der linken Seite des Baumes die neue OU *System\System Management*. Klicken Sie diese mit der rechten Maustaste an und wählen Sie *Objektverwaltung zulassen*. Im Fenster müssen Sie zunächst über die Schaltfläche *Objekttypen* die Option *Computer* aktivieren. Danach nehmen Sie das Computerkonto des Servers in der Liste auf, auf dem Sie SCCM installieren wolle

Auf der nächsten Seite des Assistenten aktivieren Sie die Option *Benutzerdefinierte Aufgaben zum Zuweisen erstellen*. Danach aktivieren Sie auf der nächsten die Option *Diesem Ordner, bestehenden Objekten in diesem Ordner und neuen Objekte in diesem Ordner*.

Auf der nächsten Seite aktivieren Sie alle drei Optionen im oberen Bereich und zusätzlich noch die Option *Vollzugriff*. Schließen Sie danach den Assistenten ab.

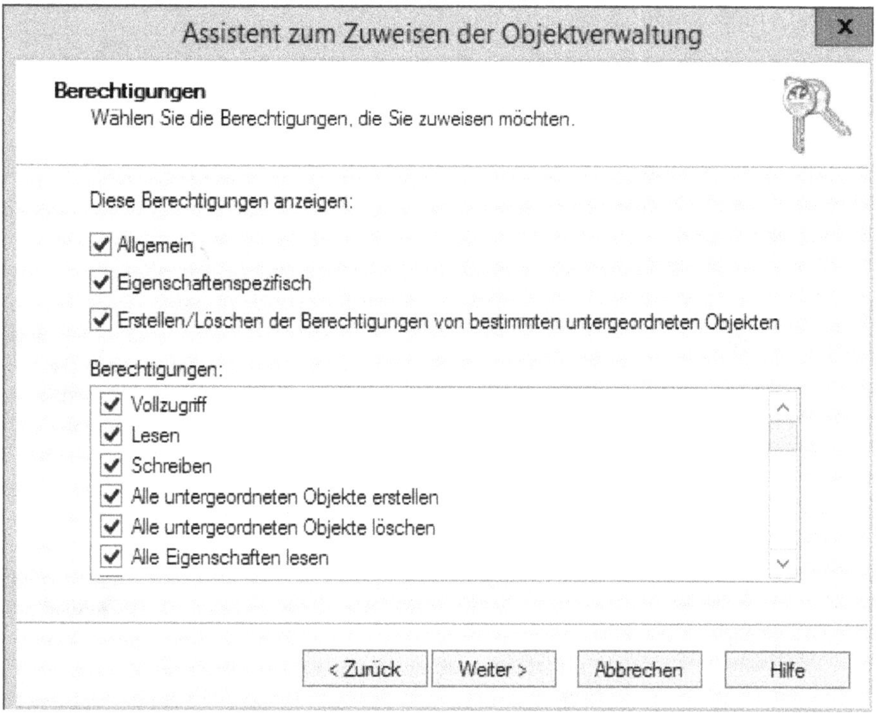

Abbildung 1.2: Zuweisen der Rechte des SCCM für die neue OU System Management

Active Directory-Schema für SCCM erweitern

Damit Sie SCCM 2012 R2 in einem Active Directory installieren können, müssen Sie das Schema erweitern. Es ist durchaus sinnvoll die Schema-Erweiterung rechtzeitig vor der Installation durchzuführen, damit die Änderungen auf alle Domänencontroller repliziert werden. Die Schema-Erweiterung sollten Sie auf einem Domänencontroller durchführen, am besten auf dem DC, der auch der Schemamaster ist.

Den Schemamaster können Sie sich in der Eingabeaufforderung anzeigen lassen:

Dsquery server -hasfsmo schema

In jeder Gesamtstruktur gibt es nur einen Schemamaster. Nur auf diesem Schemamaster können Änderungen am Schema vorgenommen werden. Steht der Schemamaster nicht mehr zur Verfügung, können auch keine Erweiterungen des Schemas stattfinden, und die Installation von SCCM 2012 R2 schlägt fehl. Der erste installierte Domänencontroller der ersten Domäne und Struktur einer Gesamtstruktur erhält zunächst die Rolle des

Schemamasters. Der Schemamaster hat ansonsten keine Auswirkungen auf den laufenden Betrieb.

Damit der Schemamaster angezeigt werden kann, müssen Sie zunächst das Snap-In registrieren, welches das Schema anzeigt. Aus Sicherheitsgründen wird dieses Snap-In zwar installiert, jedoch nicht angezeigt. Durch Eingabe des Befehls *Regsvr32 schmmgmt.dll* in der Eingabeaufforderung wird die Konsole verfügbar gemacht.

Im Anschluss können Sie das Snap-In *Active Directory-Schema* in eine MMC über *Datei/Snap-In hinzufügen* integrieren. Mit einem Klick der rechten Maustaste auf das Menü *Active Directory-Schema* und der Auswahl von *Betriebsmaster,* öffnet sich ein neues Fenster, in dem der Betriebsmaster angezeigt wird.

Legen Sie in diesen DC die Installations-DVD von SCCM ein oder stellen Sie die ISO bereit. Wechseln Sie in das Verzeichnis *\SMSSETUUP\Bin\x64* und suchen Sie das Tool *extadsch.exe*. Klicken Sie das Tool bei gehaltener Shift-Tasttaste mit der rechten Maustaste an, erscheint die Option *Als Pfad kopieren*. Wählen Sie diese Option aus. Sie können jetzt das Tool mit seinem Pfad in einer Befehlszeile einfügen und dann ausführen. Das Schema wird jetzt erweitert. Zusätzliche Optionen wie bei Exchange sind nicht notwendig. Bevor Sie SCCM 2012 R2 installieren, sollten Sie warten bis die Schema-Änderung auf alle Domänencontroller im Netzwerk repliziert wurde.

Den Status der Schemaänderung sehen Sie auch in der Datei *ExtADSch.log* im Stammverzeichnis des Domänencontrollers.

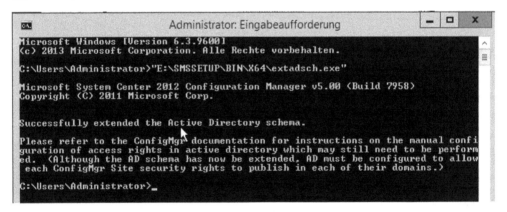

Abbildung 1.3: Vor der Installation von SCCM 2012 R2 müssen Sie noch das Schema erweitern

SCCM-Server für die Installation vorbereiten

Um Ihren SCCM-Server für SCCM 2012 R2 vorzubereiten, installieren Sie Windows Server 2012 R2, installieren alle Updates und nehmen den Server in die Domäne auf. Danach müssen Sie über den Server-Manager (*Verwalten\Rollen und Features hinzufügen*) noch folgende Komponenten installieren:

- *Webserver* und die notwendigen Features dazu.

- *.NET Framework 3.5-Funktionen* und alle untergeordneten Features

- *.NET-Framework 4.5* und alle untergeordneten Funktionen

- *Remoteserverdifferenzialkomprimierung*

- *Intelligenter Hintergrundübertragungsdienst* mit allen untergeordneten Features

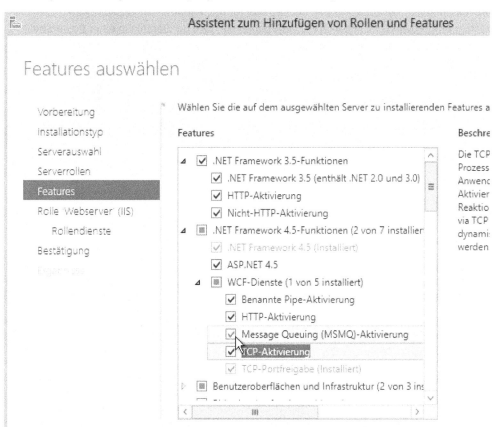

***Abbildung 1.4:** Für die Installation von SCCM 2012 R2 müssen Sie den Webserver sowie das .NET Framework 3.5 und 4.5 installieren*

Bei der Konfiguration der Rollendienste für den Webserver, müssen Sie noch weitere Dienste auswählen:

- *ASP.NET 3.5*

- *ASP.NET 4.5*

- *Sicherheit\Windows-Authentifizierung*

- *Verwaltungsprogramme\Kompatibilität der IIS 6-Verwaltung\IIS 6-Metabasiskompatibilität*

- *Kompatibilität mit IIS 6*

- *IIS-Verwaltungsskripts und -tools*

Die notwendigen Voraussetzungen auf dem Server mit Windows Server 2012 R2 können Sie auch mit der PowerShell installieren. Verwenden Sie dazu die Befehle in einer PowerShell-Sitzung mit administrativen Rechten:

- *Get-Module servermanager*

- *Install-WindowsFeature Web-Windows-Auth*

- *Install-WindowsFeature Web-ISAPI-Ext*

- *Install-WindowsFeature Web-Metabase*

- *Install-WindowsFeature Web-WMI*

- *Install-WindowsFeature BITS*

- *Install-WindowsFeature RDC*

- *Install-WindowsFeature NET-Framework-Features*

- *Install-WindowsFeature Web-Asp-Net*

- *Install-WindowsFeature Web-Asp-Net45*

- *Install-WindowsFeature NET-HTTP-Activation*

- *Install-WindowsFeature NET-Non-HTTP-Activ*

- Das .NET Framework installieren Sie mit *dism /online /enable-feature /featurename:NetFX3 /all /Source:d:\sources\sxs /LimitAccess* auf dem entsprechenden Server.

Alternativ installieren Sie alle notwendigen Optionen mit einem einzelnen Befehl in der PowerShell:

Add-WindowsFeature Web-Windows-Auth,Web-ISAPI-Ext,Web-Metabase,Web-WMI,BITS,RDC,NET-Framework-Features,Web-Asp-Net,Web-Asp-Net45,NET-HTTP-Activation,NET-Non-HTTP-Activ,Web-Static-Content,Web-Default-Doc,Web-Dir-Browsing,Web-Http-Errors,Web-Http-Redirect,Web-App-Dev,Web-Net-Ext,Web-Net-Ext45,Web-ISAPI-Filter,Web-Health,Web-Http-Logging,Web-Log-Libraries,Web-Request-Monitor,Web-HTTP-Tracing,Web-Security,Web-Filtering,Web-Performance,Web-Stat-Compression,Web-Mgmt-Console,Web-Scripting-Tools,Web-Mgmt-Compat -Restart

Wenn Sie auf dem SCCM-Server keine Windows Server Update Services installiert haben, diese aber im Netzwerk einsetzen, sollten Sie auf dem SCCM noch die Remoteserververwaltungstools für WSUS über den Server-Manager installieren. Sie erhalten ansonsten eine Warnung bei der Installation von SCCM 2012 R2.

Schließen Sie den Installationsassistenten ab, damit die notwendigen Rollen, Rollendienste und Features auf dem Server installiert werden. Lassen Sie danach auf dem Server die neusten Updates installieren. Rufen Sie dazu auf der Startseite *wuapp* auf.

Im nächsten Schritt laden Sie das Windows ADK für Windows 8.1 herunter (http://www.microsoft.com/de-de/download/details.aspx?id=39982) und starten die Installation. Wählen Sie die Optionen *Bereitstellungstools* oder *Deployment Tools* und *Windows-Vorinstallationsumgebung* sowie *Windows EasyTransfer (USMT)*.

Datenbank-Server für SCCM 2012 R2 installieren und einrichten

Wenn Sie eine neue Umgebung mit SCCM 2012 R2 installieren, können Sie aktuell noch nicht auf SQL Server 2014 als Datenbankserver setzen. Am besten verwenden Sie für SCCM 2012 R2 als Datenbankserver die Version SQL Server 2012 SP1. Das Servicepack 2 für SQL Server 2012 macht derzeit zusammen mit SCCM 2012 R2 noch einige Probleme, vor allem dann, wenn Sie den Datenbankserver und SCCM auf dem gleichen Server installieren.

Nehmen Sie das Computerkonto des zukünftigen SCCM-Servers in die lokale Administrator-Gruppe auf dem Datenbankserver auf. Die lokale Benutzerverwaltung starten Sie am schnellsten mit *lusrmgr.msc*.

Damit SCCM 2012 R2 optimal mit SQL Server 2012 SP1 zusammenarbeitet, müssen Sie einige Einstellungen auf dem Server ändern. Daher ist es ideal einen eigenen Datenbank-Server für SCCM zu verwenden oder zumindest eine eigene Instanz. Damit Sie SQL Server 2012 installieren können, müssen Sie auf dem Server über den Server-Manager noch das .NET Framework 3.5 installieren. Starten Sie danach das Installationsprogramm für SQL Server 2012. Um die Installation passend für SCCM 2012 R2 durchzuführen, wählen Sie folgende Optionen:

1. Wählen Sie *Installation* auf der Startseite des SQL Server-Installationscenter.

2. Wählen Sie *Neue eigenständige Installation* aus.

3. Stellen Sie sicher, dass alle Überprüfungsregeln erfolgreich abgeschlossen werden.

4. Wählen Sie *SQL Server-Funktionsinstallation*.

5. Wählen Sie zur Installation *Database Engine Services, Reporting Services - Systemeigenen*, *Verwaltungstools-Einfach, Verwaltungstools vollständig*.

6. Bei *Serverkonfiguration* verwenden Sie ein Domänenkonto für den Start der verschiedenen Dienste. Wenn Sie die vorgeschlagenen NT Service-Konten verwenden, lässt sich SCCM nicht installieren. Am besten legen Sie für den Start der Dienste und der Verwaltung von SCCM ein eigenes Benutzerkonto in Active Directory an. Dieses

7. Bei *Serverkonfiguration* wechseln Sie danach zur Registerkarte *Sortierung* und klicken auf *Anpassen*.

8. Aktivieren Sie *SQL-Sortierung für die Abwärtskompatibilität* und wählen Sie die Sortierung *SQL_Latin1_General_CP1_CI_AS*. Ohne diese Sortierung lässt sich SCCM nicht mit dem Datenbank-Server verbinden. Sie können die Sortierung zwar nachträglich ändern, aber während der Installation ist das besser, weil Sie sich dadurch komplexe Konfigurationsarbeiten sparen.

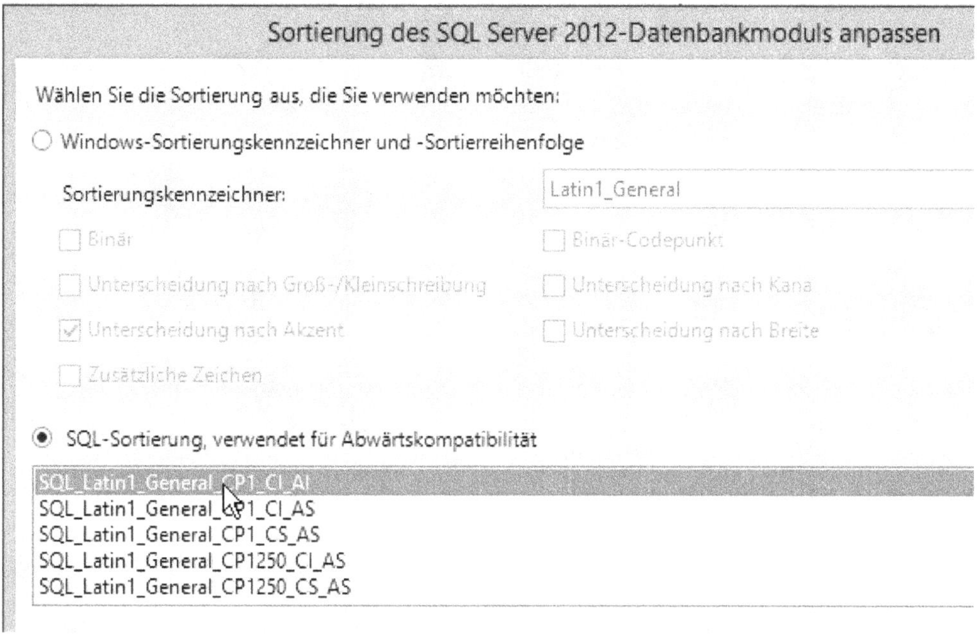

Sortierung des SQL Server 2012-Datenbankmoduls anpassen

Wählen Sie die Sortierung aus, die Sie verwenden möchten:

○ Windows-Sortierungskennzeichner und -Sortierreihenfolge

Sortierungskennzeichner: Latin1_General

☐ Binär   ☐ Binär-Codepunkt

☐ Unterscheidung nach Groß-/Kleinschreibung   ☐ Unterscheidung nach Kana

☑ Unterscheidung nach Akzent   ☐ Unterscheidung nach Breite

☐ Zusätzliche Zeichen

● SQL-Sortierung, verwendet für Abwärtskompatibilität

SQL_Latin1_General_CP1_CI_AI
SQL_Latin1_General_CP1_CI_AS
SQL_Latin1_General_CP1_CS_AS
SQL_Latin1_General_CP1250_CI_AS
SQL_Latin1_General_CP1250_CS_AS

Abbildung 1.5: Für die Zusammenarbeit mit SCCM 2012 R2 müssen Sie die Sortierung des Datenbank-Servers anpassen

9. Bei *Datenbankmodulkonfiguration* belassen Sie die Option *Windows-Authentifizierungsmodus*.

10. Legen Sie den Benutzernamen für die Verwaltung fest. Das kann ebenfalls der SCCM-Administrator sein, mit dem Sie auch die Datenbankdienste starten lassen.

11. Auf der Seite *Reporting Services-Konfiguration* wählen Sie *Installieren und Konfigurieren*.

12. Schließen Sie danach die Installation ab.

13. Stellen Sie sicher, dass auf dem Server das SP1 für SQL Server 2012 (http://www.microsoft.com/de-de/download/details.aspx?id=35575) installiert ist.

Überprüfen Sie nach der Installation des Datenbank-Servers im SQL-Konfigurations-Manager, ob bei den Protokollen *TCP/IP* und *Named Pipes* an allen Stellen aktiviert sind.

In einer produktiven Umgebung öffnen Sie noch das SQL Server Management Studio und rufen über das Kontextmenü die Eigenschaften des Servers auf. Legen Sie bei *Arbeitsspeicher* als minimaler und maximaler Arbeitsspeicher 8.192 MB fest. Verwenden Sie andere Werte, erhalten Sie Warnungen bei der Installation von SCCM 2012 R2. Diese Einstellungen können Sie aber jederzeit anpassen.

Installierte Datenbankserver für SCCM anpassen

Haben Sie bereits einen Datenbank-Server im Einsatz, den Sie für SCCM nutzen wollen, können Sie diesen an Ihre Bedürfnisse anpassen. Dazu öffnen Sie am besten die Verwaltung der installierten Programme auf dem Server, indem Sie appwiz.cpl auf der Startseite eingehen. Klicken Sie auf den installierten SQL-Server und wählen Sie *Deinstallieren/ändern* und dann *Hinzufügen*. Wählen Sie die Installationsdateien des SQL-Servers aus.

Über *Installationstyp\Funktionen zu einer vorhandenen SQL Server 2014-Instanz hinzufügen*, überprüfen Sie, ob die notwendigen SQL-Funktionen für SCCM 2012 R2 installiert sind. Welche das sind, lesen Sie im Abschnitt zum Installieren eines neuen SQL-Servers.

SCMM 2012 R2 verwendet den TCP-Port 4022 für die Kommunikation mit dem Service Broker. Funktioniert die Verbindung nicht, dann ist der SQL-Server nicht für die Verwendung dieses Ports konfiguriert. Um das nachzuholen, erstellen Sie eine neue Abfrage mit folgendem Inhalt und führen dieses aus:

USE master;

GO

CREATE ENDPOINT BrokerEndpoint

STATE = STARTED

AS TCP (LISTENER_PORT = 4022)

FOR SERVICE_BROKER (AUTHENTICATION = WINDOWS) ;

GO

Um die Sortierung des Datenbank-Servers anzupassen, öffnen Sie eine Befehlszeile und navigieren zu den Installationsmedien von SQL Server 2012. Führen Sie danach folgenden Befehl aus. Den Befehl sollten Sie aber auf keinen Fall auf produktiven Datenbank-Servern vornehmen, da dabei Datenverlust droht:

setup /ACTION=REBUILDDATABASE /INSTANCENAME=MSSQLSERVER /SQLCOLLATION=SQL_Latin1_General_CP1_CI_AS /SAPWD <Kennwort für Administratorkonto> /SQLSYSADMINACCOUNTS=<Domäne>\<Administratorkonto>

Die Sortierung sehen Sie auch im SQL Server-Managementstudio, wenn Sie die *Eigenschaften* des Servers über das Kontextmenü aufrufen. Klicken Sie dazu auf das Menü *Allgemein*. In der Spalte *Serversortierung* sehen Sie die aktuelle Sortierung.

Nehmen Sie noch das Computerkonto des zukünftigen SCCM-Servers in die lokale Administrator-Gruppe auf dem Datenbankserver auf. Die lokale Benutzerverwaltung starten Sie am schnellsten mit *lusrmgr.msc*.

Gruppenrichtlinien für Firewall-Einstellungen im SCCM-Netzwerk konfigurieren und testen

Beim Einsatz von SCCM im Netzwerk müssen auf den Client-Computern und Servern verschiedene Firewall-Regeln erstellt werden. Damit diese Konfiguration konsistent und sicher umgesetzt wird, verwenden Sie am besten eine Gruppenrichtlinie:

1. Erstellen Sie dazu zunächst in der Gruppenrichtlinienverwaltungskonsole auf einem Domänencontroller oder einer Arbeitsstation mit den Remoteserver-Verwaltungstools eine neue GPO mit der Bezeichnung „SCCM".

2. Öffnen Sie die Bearbeitung dieser Richtlinie und navigieren Sie zu: *Computerkonfiguration\Richtlinien\Windows-Einstellungen\Sicherheitseinstellungen\Windows-Firewall mit erweiterter Sicherheit*.

3. Erstellen Sie über das Kontextmenü von *Eingehende Regel* und erstellen eine neue Regel.

4. Wählen Sie als Option *Vordefiniert* und wählen Sie *Datei- und Druckerfreigabe*.

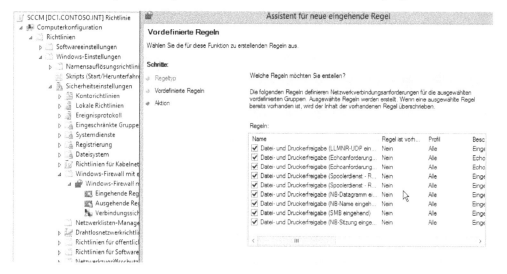

Abbildung 1.6: Firewall-Regeln für SCCM erstellen Sie am besten auf Basis von Gruppenrichtlinien

5. Bestätigen Sie die weiteren Fenster des Assistenten und wählen Sie *Verbindung zulassen*.

6. Erstellen Sie die gleiche Regel auch über *Ausgehende Regeln*.

7. Erstellen Sie eine weitere eingehende Regel und wählen dieses Mal *Vordefiniert\Windows-Verwaltungsinstrumentation*.

8. Schließen Sie die Richtlinie und verknüpfen Sie diese mit dem Container in dem sich die Computerkonten der Rechner befinden, die Sie mit SCCM verwalten, am besten mit der ganzen Domäne.

Erstellen Sie danach eine weitere Richtlinie. In dieser nehmen Sie ebenfalls Firewall-Änderungen vor. Diese gelten aber nur für die beteiligten SCCM- und Datenbank-Server:

1. Erstellen Sie eine neue GPO und starten deren Bearbeitung.

2. Öffnen Sie die Bearbeitung dieser Richtlinie und navigieren Sie zu:
Computerkonfiguration\Richtlinien\Windows-Einstellungen\Sicherheitseinstellungen\Windows-Firewall mit erweiterter Sicherheit

3. Erstellen Sie eine eingehende Regel und wählen Sie dieses Mal Port.

4. Wählen Sie TCP als Option und den Port 1433 vor.

5. Schließen Sie den Assistenten ab und lassen Sie den Zugriff zu diesem Port zu

6. Erstellen Sie eine weitere Regel zum TCP-Port 4022, ebenfalls als eingehende Regel

7. Verknüpfen Sie die GPO mit dem Container in dem sich die Server-Computer befinden.

Um die Regeln zu testen, geben Sie auf einem der Computer *gpupdate /force* ein. Wurden die Richtlinien umgesetzt, starten Sie *rsop.msc*. Klicken Sie auf *Administrative Vorlagen\Zusätzliche Registrierungseinstellungen*. Sie sehen jetzt die neuen GPOs und die umgesetzten Regeln.

Zusätzliche Registrierungseinstellungen

Markieren Sie ein Element, um dessen Beschreibung anzuzeigen.	Einstellung	Status	Name des Gruppenrichtlinienobje...
	SOFTWARE\Policies\Microsoft\WindowsFirewall\FirewallRul...	v2.20|Action=...	SCCM
	SOFTWARE\Policies\Microsoft\WindowsFirewall\FirewallRul...	v2.20|Action=...	SCCM-SQL-Server
	SOFTWARE\Policies\Microsoft\WindowsFirewall\FirewallRul...	v2.20|Action=...	SCCM
	SOFTWARE\Policies\Microsoft\WindowsFirewall\FirewallRul...	v2.20|Action=...	SCCM
	SOFTWARE\Policies\Microsoft\WindowsFirewall\FirewallRul...	v2.20|Action=...	SCCM
	SOFTWARE\Policies\Microsoft\WindowsFirewall\FirewallRul...	v2.20|Action=...	SCCM
	SOFTWARE\Policies\Microsoft\WindowsFirewall\FirewallRul...	v2.20|Action=...	SCCM
	SOFTWARE\Policies\Microsoft\WindowsFirewall\FirewallRul...	v2.20|Action=...	SCCM
	SOFTWARE\Policies\Microsoft\WindowsFirewall\FirewallRul...	v2.20|Action=...	SCCM
	SOFTWARE\Policies\Microsoft\WindowsFirewall\FirewallRul...	v2.20|Action=...	SCCM
	SOFTWARE\Policies\Microsoft\WindowsFirewall\PolicyVersi...	534	SCCM
	SOFTWARE\Policies\Microsoft\WindowsFirewall\FirewallRul...	v2.20|Action=...	SCCM
	SOFTWARE\Policies\Microsoft\WindowsFirewall\FirewallRul...	v2.20|Action=...	SCCM
	SOFTWARE\Policies\Microsoft\WindowsFirewall\FirewallRul...	v2.20|Action=...	SCCM
	SOFTWARE\Policies\Microsoft\WindowsFirewall\FirewallRul...	v2.20|Action=...	SCCM
	SOFTWARE\Policies\Microsoft\WindowsFirewall\FirewallRul...	v2.20|Action=...	SCCM-SQL-Server
	SOFTWARE\Policies\Microsoft\WindowsFirewall\FirewallRul...	v2.20|Action=...	SCCM
	SOFTWARE\Policies\Microsoft\WindowsFirewall\FirewallRul...	v2.20|Action=...	SCCM
	SOFTWARE\Policies\Microsoft\WindowsFirewall\FirewallRul...	v2.20|Action=...	SCCM
	SOFTWARE\Policies\Microsoft\WindowsFirewall\FirewallRul...	v2.20|Action=...	SCCM

Abbildung 1.7: Auf den Clientrechnern überprüfen Sie die Umsetzung der Gruppenrichtlinien für die Firewall-Einstellungen

WSUS im SCCM-Netzwerk verwenden

Wollen Sie auch Patches im Netzwerk über SCCM verteilen, benötigen Sie zusätzlich noch eine WSUS-Infrastruktur. Um diese optimal mit SCCM zu verbinden, kann es durchaus sinnvoll sein auf dem SCCM-Server auch den WSUS-Dienst über den Server-Manager zu installieren. Die Installation der Rolle wird über den Server-Manager vorgenommen. Sie müssen den Dienst aber nicht konfigurieren, sondern nur installieren. Die eigentliche Einrichtung erfolgt nachträglich.

Wählen Sie als Serverrolle die WSUS-Dienste, und *Datenbank* aus. Verwenden Sie nicht die interne Windows-Datenbank. Im Rahmen der Einrichtung geben Sie den Namen des Datenbank-Servers an, auf dem die Konfigurationsdaten von WSUS gespeichert werden sollen. Überprüfen Sie, ob die WSUS-Datenbank auf dem SQL-Server angelegt wurde. Diese trägt normalerweise die Bezeichnung *SUSDB*. Danach installieren Sie SCCM. Die Verteilung von Windows-Updates nehmen Sie dann in der Verwaltung von WSUS vor.

System Center 2012 R2 Configuration Manager auf Windows Server 2012 R2 installieren

Nachdem Sie die Vorbereitungen getroffen haben, beginnen Sie mit der Installation von SCCM 2012 R2. Klicken Sie im Installationsbildschirm auf *Installieren* und bestätigen die Einleitung. Bei der ersten Installation von SCCM 2012 R2 im Netzwerk wählen Sie bei *Verfügbare Setupoptionen Primären Configuration Manager-Standort installieren*.

Abbildung 1.8: Starten einer Neuinstallation von SCCM 2012 R2

Danach geben Sie die Seriennummer ein. Auf der Seite zum Download notwendiger Komponenten wählen Sie alle drei Komponenten aus:

Microsoft SQL Server 2012 Express

Microsoft SQL Server 2012 Native Client

Microsoft Silverlight 5

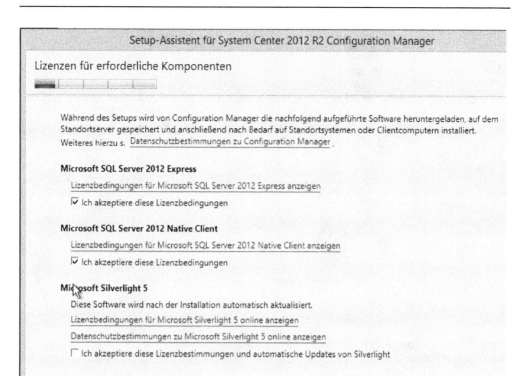

Abbildung 1.9: *Auswählen von Komponenten zum Download*

Auf der Seite *Download der Voraussetzungskomponenten* wählen Sie *Erforderliche Dateien herunterladen* und wählen Sie ein lokales Verzeichnis aus, in das der Installationsassistent wichtige Komponenten herunterlädt. Installieren Sie einen weiteren Server, können Sie nach dem ersten Download die Dateien im Assistenten übernehmen lassen.

Alle Aktionen der Installation werden in der Datei *ConfigMgrSetup.log* auf der C-Platte des Servers protokolliert. Erhalten Sie Fehler bei der Installation, kopieren Sie den Fehler aus der Protokolldatei und suchen nach der Lösung im Internet. Vor allem bei spezifischen Fehlern erhalten Sie auf diesem Weg umfangreiche Informationen und oft die Lösung des Problems.

Bricht der Download der Komponenten wegen einem Timeout ab, bestätigen Sie die Meldung, und beginnen Sie den Download erneut. Bereits heruntergeladene Dateien werden automatisch erkannt und übersprungen.

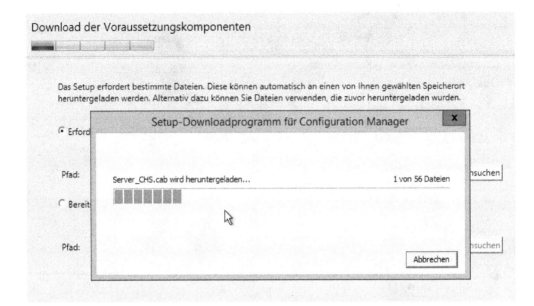

Abbildung 1.10: Der Installations-Assisten von SCCM lädt notwendige Dateien nach

Auf den nächsten beiden Seiten wählen Sie die Sprachen für die Installation aus. Auf der *Seite Standort und Installationseinstellungen* vergeben Sie einen Code für den Standort und einen Standortnamen. Hier legen Sie auch das Installationsverzeichnis fest, und ob die Configuration-Manager-Konsole installiert werden soll.

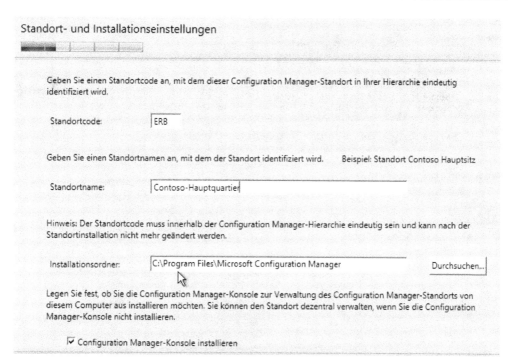

Standort- und Installationseinstellungen

Geben Sie einen Standortcode an, mit dem dieser Configuration Manager-Standort in Ihrer Hierarchie eindeutig identifiziert wird.

Standortcode: `ERB`

Geben Sie einen Standortnamen an, mit dem der Standort identifiziert wird.   Beispiel: Standort Contoso Hauptsitz

Standortname: `Contoso-Hauptquartier`

Hinweis: Der Standortcode muss innerhalb der Configuration Manager-Hierarchie eindeutig sein und kann nach der Standortinstallation nicht mehr geändert werden.

Installationsordner: `C:\Program Files\Microsoft Configuration Manager`   Durchsuchen...

Legen Sie fest, ob Sie die Configuration Manager-Konsole zur Verwaltung des Configuration Manager-Standorts von diesem Computer aus installieren möchten. Sie können den Standort dezentral verwalten, wenn Sie die Configuration Manager-Konsole nicht installieren.

☑ Configuration Manager-Konsole installieren

Abbildung 1.11: Auswählen der Installationseinstellungen für SCCM 2012 R2

Auf der nächsten Seite wählen Sie bei der ersten Installation von SCCM 2012 R2 die Option *Den primären Standort als eigenständigen Standort installieren*, da Sie noch keinen Standort im Einsatz haben. Installieren Sie weitere Server, können Sie diese mit primären Servern verbinden.

Auf der Seite *Datenbankinformationen* verbinden Sie den Installationsassistent mit dem Datenbankserver. Geben Sie den Namen und die Instanz an, in der die Datenbank installiert werden soll. Verwenden Sie die Standardinstanz auf dem Server, müssen Sie keinen Instanznamen eingeben. Auch den Namen der Datenbank legen Sie hier fest. Achten Sie darauf, dass auf dem SQL-Server der Port 4022 für den Service-Broker geöffnet ist.

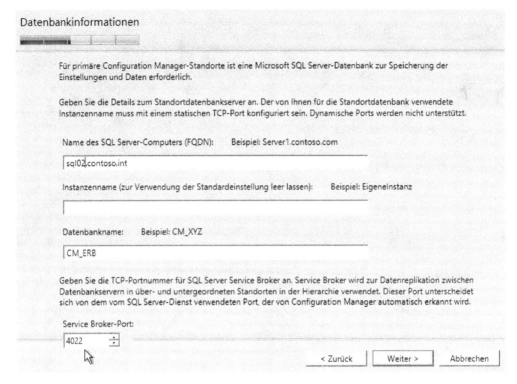

Datenbankinformationen

Für primäre Configuration Manager-Standorte ist eine Microsoft SQL Server-Datenbank zur Speicherung der Einstellungen und Daten erforderlich.

Geben Sie die Details zum Standortdatenbankserver an. Der von Ihnen für die Standortdatenbank verwendete Instanzenname muss mit einem statischen TCP-Port konfiguriert sein. Dynamische Ports werden nicht unterstützt.

Name des SQL Server-Computers (FQDN):   Beispiel: Server1.contoso.com

sql02.contoso.int

Instanzenname (zur Verwendung der Standardeinstellung leer lassen):   Beispiel: EigeneInstanz

Datenbankname: Beispiel: CM_XYZ

CM_ERB

Geben Sie die TCP-Portnummer für SQL Server Service Broker an. Service Broker wird zur Datenreplikation zwischen Datenbankservern in über- und untergeordneten Standorten in der Hierarchie verwendet. Dieser Port unterscheidet sich von dem vom SQL Server-Dienst verwendeten Port, der von Configuration Manager automatisch erkannt wird.

Service Broker-Port:

4022

< Zurück   Weiter >   Abbrechen

Abbildung 1.12: Während der Installation von SCCM, verbinden Sie den Server mit dem Datenbankserver

Nachdem die Verbindung mit dem Datenbankserver aufgebaut wurde, legen Sie den Namen des Servers auf der Seite *SMS-Anbietereinstellungen* fest. Hier geben Sie den FQDN des SCCM ein.

Auf der Seite *Kommunikationseinstellungen für Clientcomputer* wählen Sie die Option *Kommunikationsmethode bei jeder Standardsystemrolle konfigurieren*.

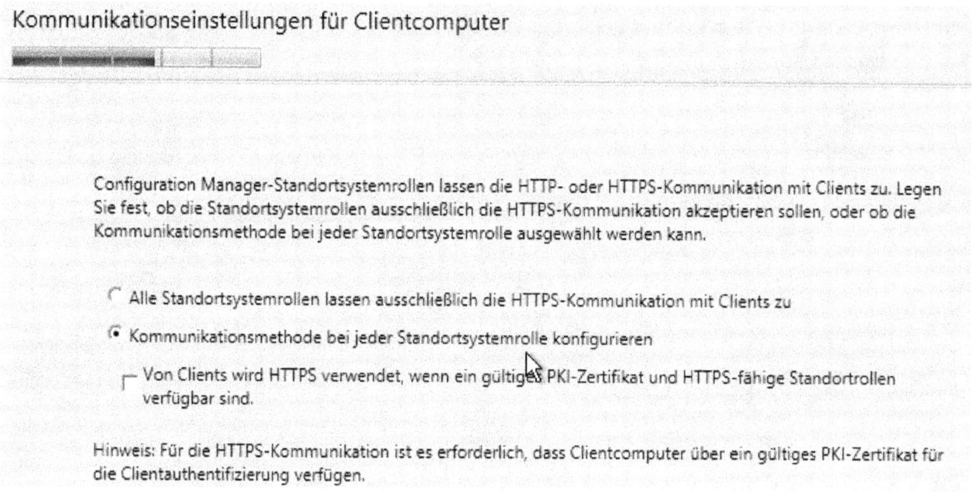

Kommunikationseinstellungen für Clientcomputer

Configuration Manager-Standortsystemrollen lassen die HTTP- oder HTTPS-Kommunikation mit Clients zu. Legen Sie fest, ob die Standortsystemrollen ausschließlich die HTTPS-Kommunikation akzeptieren sollen, oder ob die Kommunikationsmethode bei jeder Standortsystemrolle ausgewählt werden kann.

○ Alle Standortsystemrollen lassen ausschließlich die HTTPS-Kommunikation mit Clients zu

◉ Kommunikationsmethode bei jeder Standortsystemrolle konfigurieren

┌ Von Clients wird HTTPS verwendet, wenn ein gültiges PKI-Zertifikat und HTTPS-fähige Standortrollen verfügbar sind.

Hinweis: Für die HTTPS-Kommunikation ist es erforderlich, dass Clientcomputer über ein gültiges PKI-Zertifikat für die Clientauthentifizierung verfügen.

Abbildung 1.13: *Festlegen der Clientkommunikation*

Auf der Seite *Standortsystemrollen* legen Sie den Verwaltungspunkt und den Verteilungspunkt für den Standort fest. Bei der ersten Installation von SCCM wählen Sie auch hier den lokalen Server.

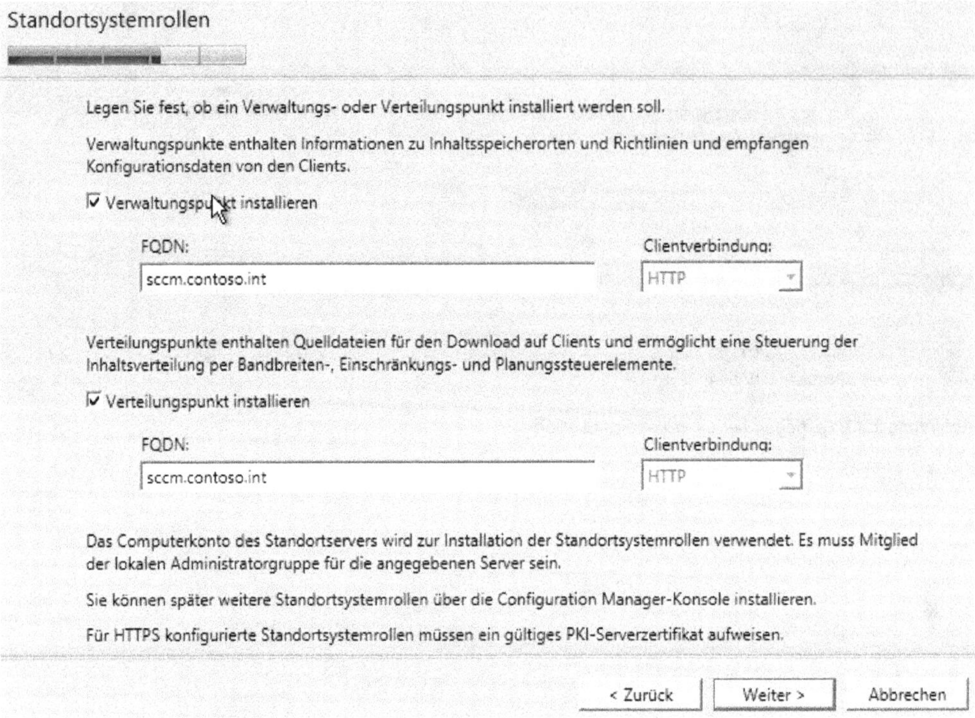

Standortsystemrollen

Legen Sie fest, ob ein Verwaltungs- oder Verteilungspunkt installiert werden soll.

Verwaltungspunkte enthalten Informationen zu Inhaltsspeicherorten und Richtlinien und empfangen Konfigurationsdaten von den Clients.

☑ Verwaltungspunkt installieren

FQDN:
sccm.contoso.int

Clientverbindung:
HTTP

Verteilungspunkte enthalten Quelldateien für den Download auf Clients und ermöglicht eine Steuerung der Inhaltsverteilung per Bandbreiten-, Einschränkungs- und Planungssteuerelemente.

☑ Verteilungspunkt installieren

FQDN:
sccm.contoso.int

Clientverbindung:
HTTP

Das Computerkonto des Standortservers wird zur Installation der Standortsystemrollen verwendet. Es muss Mitglied der lokalen Administratorgruppe für die angegebenen Server sein.

Sie können später weitere Standortsystemrollen über die Configuration Manager-Konsole installieren.

Für HTTPS konfigurierte Standortsystemrollen müssen ein gültiges PKI-Serverzertifikat aufweisen.

< Zurück   Weiter >   Abbrechen

Abbildung 1.14: Festlegen der Standortsystemrollen während der Installation von SCCM 2012 R2

Nach einem weiteren Fenster, erhalten Sie eine Zusammenfassung Ihrer Auswahl. Im nächsten Fenster werden die Voraussetzungen für die Installation geprüft. Bei Fehlern können Sie die Installation nicht fortführen, bei Warnungen können Sie weiter installieren. Klicken Sie auf einen Fehler oder eine Warnung, erhalten Sie Informationen zu dem Fehler und wie Sie diesen beheben.

Haben Sie alle Einstellungen vorgenommen wie zuvor behandelt, sollten Sie keine Fehler erhalten und auch nur wenige Warnungen. Haben Sie den Fehler behoben, können Sie mit der Schaltfläche *Prüfung ausführen* einen erneuten Test starten.

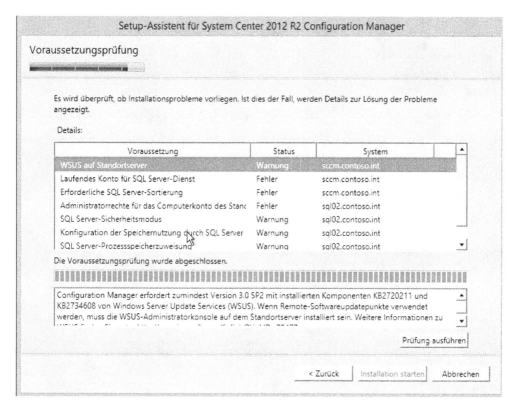

Abbildung 1.15: Überprüfen der Voraussetzungen für die Installation

Öffnen Sie die Protokolldatei für die Prüfung der Voraussetzungen, erhalten Sie mehr Informationen im Internet, wenn Sie nach dem exakten Wortlaut des Fehlers suchen. Die Datei trägt die Bezeichnung *ConfigMgrPrereq.log*.

Haben Sie alle Fehler behoben, führen Sie die Installation mit *Installation starten* fort. Öffnen Sie die Installationsdatei *ConfigMgrSetup.log* im laufenden Betrieb der Installation, sehen Sie die Vorgänge, die der Server aktuell durchführt. Sie sehen den Status der Installation auch im Installationsfenster. Die erfolgreiche Installation wird im Fenster angezeigt.

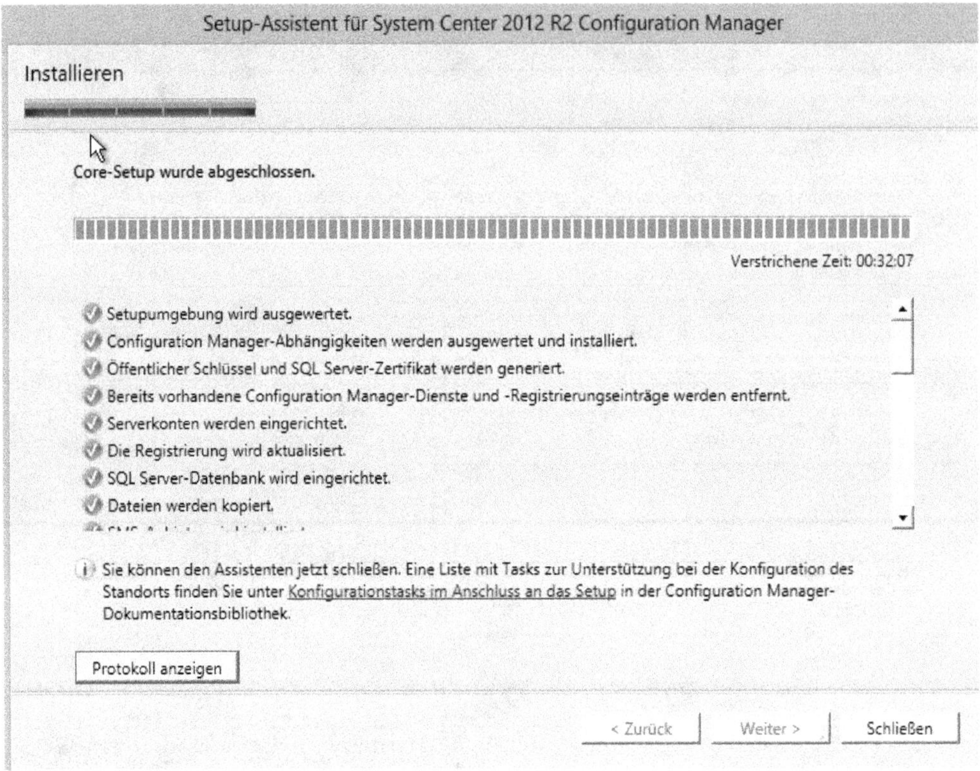

Abbildung 1.16: *Erfolgreiche Installation von SCCM 2012 R2*

Öffnen Sie nach der Installation die Configuration Manager-Konsole, und stellen Sie sicher, ob sich diese mit dem Server verbinden kann.

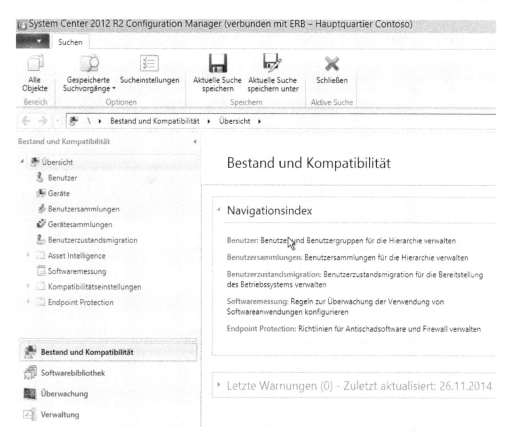

Abbildung 1.17: Erfolgreicher Verbindung zur SCCM-Infrastruktur nach der Installation des Servers

Cumulative Update 3 für SCCM 2012 R2 installieren

Nach der Installation von SCCM 2012 R2 müssen Sie noch mindestens das CU3 für SCCM 2012 R2 installieren. Dieses Update erhalten Sie auf der Seite http://support.microsoft.com/kb/2994331. Häufig erhalten Administratoren bei der Ausführung des CU3 noch eine Warnung, dass die Datenbank vom SCCM nicht aktualisiert werden konnte. Microsoft hat dafür ein Update veröffentlicht, welches auf das CU3 aufbaut und den Fehler behebt. Dieses Update erhalten Sie auf der Seite http://support.microsoft.com/kb/3000794. Um das CU3 und den Patch für CU3 zu installieren, gehen Sie folgendermaßen vor:

1. Entpacken Sie das Archiv zur Installation des CU3.

2. Starten Sie die Installation und den Assistenten für die Installation.

3. Bestätigen Sie die Startseite des CU3

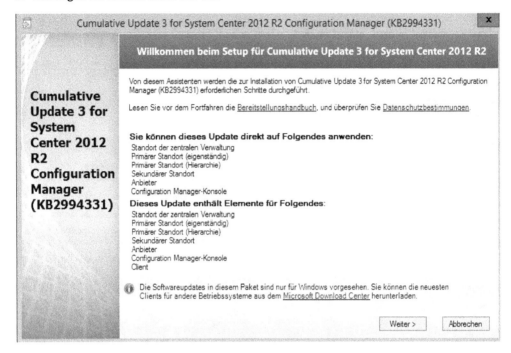

Abbildung 1.18: Starten der Installation des CU3

4. Bestätigen Sie die Lizenzbedingungen und führen Sie die Installation fort.

5. Stellen Sie sicher, dass die Überprüfung zur Aktualisierung keine Fehler meldet.

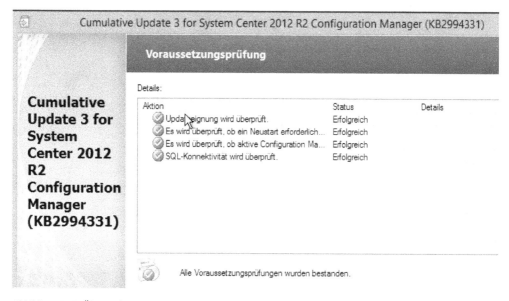

Abbildung 1.19: Überprüfen der Voraussetzungen für die Installation von CU3 für SCCM 2012 R2

6. Bestätigen Sie noch die Aktualisierung der Configuration Manager-Konsole.

7. Auf der nächsten Seite legen Sie fest, ob Sie die Datenbank von SCCM während der Installation gleich mit aktualisieren wollen. Wenn Sie die Aktualisierung manuell durchführen wollen, erhalten Sie hier auch einen Link, wie Sie den Vorgang manuell durchführen. Das CU3 hat oft Probleme mit der Aktualisierung der Datenbank. Daher bietet Microsoft einen Patch an der auf das CU3 aufbaut und die Datenbank nach der Installation des CU3 aktualisiert.

8. Auf der Seite mit den Optionen zur Aktualisierung, wählen Sie noch aus, welche Systeme in die Pakete zur automatisierten Aktualisierung aufgenommen werden sollen. Hier sollten Sie alle drei Optionen auswählen.

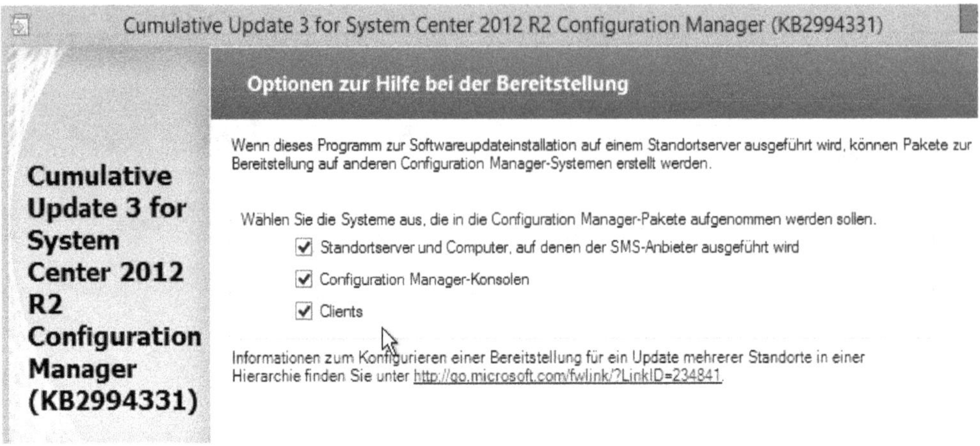

Cumulative Update 3 for System Center 2012 R2 Configuration Manager (KB2994331)

Optionen zur Hilfe bei der Bereitstellung

Wenn dieses Programm zur Softwareupdateinstallation auf einem Standortserver ausgeführt wird, können Pakete zur Bereitstellung auf anderen Configuration Manager-Systemen erstellt werden.

Wählen Sie die Systeme aus, die in die Configuration Manager-Pakete aufgenommen werden sollen.
- ☑ Standortserver und Computer, auf denen der SMS-Anbieter ausgeführt wird
- ☑ Configuration Manager-Konsolen
- ☑ Clients

Informationen zum Konfigurieren einer Bereitstellung für ein Update mehrerer Standorte in einer Hierarchie finden Sie unter http://go.microsoft.com/fwlink/?LinkID=234841.

Cumulative Update 3 for System Center 2012 R2 Configuration Manager (KB2994331)

Abbildung 1.20: Auswählen der Installationsoptionen von CU3 für SCCM 2012 R2

9. Auf den nächsten Seiten wählen Sie die Namen für die Erstellung der Pakete aus, mit denen die angebundenen Clients und Server aktualisiert werden sollen. Hier können Sie normalerweise die Standardeinstellungen belassen.

10. Mit einem Klick auf *Installieren*, können Sie die Aktualisierung beginnen. Alle Optionen sollten erfolgreich durchgeführt werden. Erhalten Sie eine Warnung zur Aktualisierung der Datenbank, laden Sie sich den Nachfolge-Patch für das CU3 herunter und installieren diesen nach der Installation des CU3.

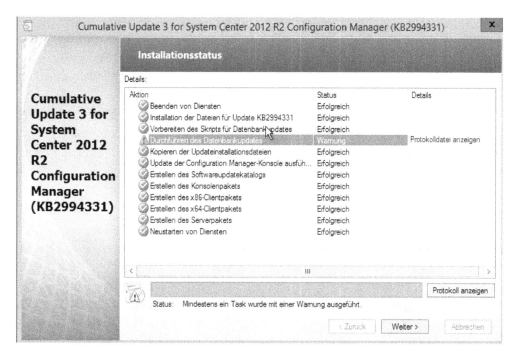

Abbildung 1.21: In vielen Umgebungen gibt es Probleme bei der Aktualisierung der Datenbank

Haben Sie die Aktualisierung des CU ausgeführt, öffnen Sie die Configuration Manager-Konsole und öffnen das Startmenü auf der linken Seite, neben der Registerkarte *Suche*. Klicken Sie auf *Info* um sich die Version anzuzeigen. Die Versionsnummer von SCCM 2012 R2 CU3 ist **5.9.7958.1401**.

Öffnen Sie danach noch den Registry-Editor und wechseln Sie zu *HKLM\Software\Microsoft\SMS\Setup*. Auf der rechten Seite gibt es einen Wert *CULevel*. Dieser muss den Wert 3 haben.

In der Configuration Manager-Konsole finden Sie über *Softwarebibliothek\Anwendungsverwaltung\Pakete\Configuration Manager Updates* die Verteilungspakete für das CU3. Über das Kontextmenü können Sie die Bereitstellung für andere Server im Netzwerk starten. Wählen Sie dazu *Inhalt verteilen*.

Wenn das CU3 installiert ist, installieren Sie den Hotfix für das CU3 von der Seite http://support.microsoft.com/kb/3000794. Die Installation läuft ähnlich ab, wie die Installation des CU3. Nach der Installation des Hotfixes hat auch die Datenbank eine neue Version.

Im Bereich *Softwarebibliothek\Pakete\Configuration Manager Updates* sehen Sie die Updates für die Clients von SCCM. Damit diese installiert werden, müssen Sie diese über das

Kontextmenü auf den Verteilungspunkten verteilen (*Inhalt verteilen*) und danach über das Kontextmenü zur Installation bereitstellen (*Bereitstellen*).

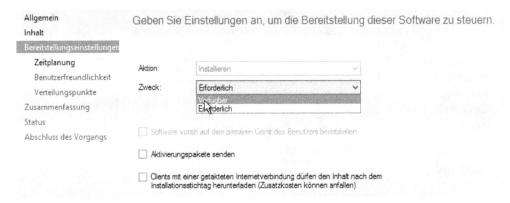

Abbildung 1.22: *Den Client-Agent müssen Sie neu bereitstellen, damit auch Updates auf den Clientcomputern verteilt werden*

Über den Bereich *Bestand und Kompatibilität* sehen Sie später bei *Geräte* den Status der angebundenen Computer und sehen wo der Agent installiert ist. Wir gehen darauf noch ausführlicher in einem eigenen Abschnitt ein. Für jeden angebundenen Clientcomputer können Sie über das Kontextmenü die Eigenschaften aufrufen und sehen welchen Versionsstand der Client hat.

Sie können die Verteilung auch im Bereich *Verwaltung\Standorte* verwalten, indem Sie die *Hierarchieeinstellungen* aufrufen. Hier können Sie ebenfalls Clientupdates automatisiert installieren. Sobald Sie die Clientupdates verteilen, erhalten Anwender im Softwarecenter einen Hinweis, dass eine Aktualisierung stattfinden muss.

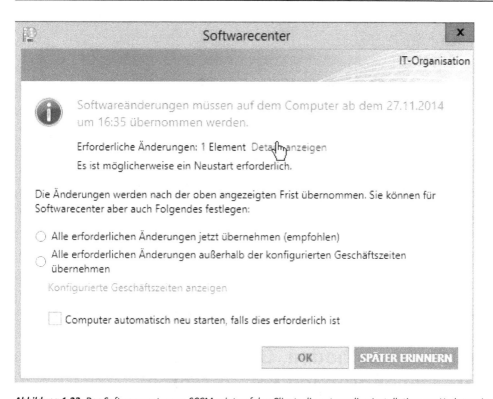

Abbildung 1.23: Das Softwarecenter von SCCM zeigt auf den Clients die notwendige Installation von Updates ein

Wir gehen später noch ausführlicher auf die Installation von Client-Agents auf den PCs und Servern im Netzwerk ein.

Configuration Manager Toolkit installieren und verwenden

Das System Center 2012 R2 Configuration Manager Toolkit (http://www.microsoft.com/en-us/download/details.aspx?id=36213) ist eine wertvolle Toolsammlung für SCCM-Administratoren. Das Toolkit bietet zahlreiche wichtige Werkzeuge, vor allem das Tool für die Analyse der Logdateien.

Das Tool *CMTrace* formatiert die Protokolldateien und zeigt Ihnen Fehler farblich formatiert an. Mit normalen Editoren können Sie die Logdateien nicht optimal auswerten, da hier die Zeilen nicht formatiert werden, und Editoren die Logdateien nicht gut anzeigen können. Zum Toolkit gehört auch eine umfangreiche Hilfedatei als Worddokument.

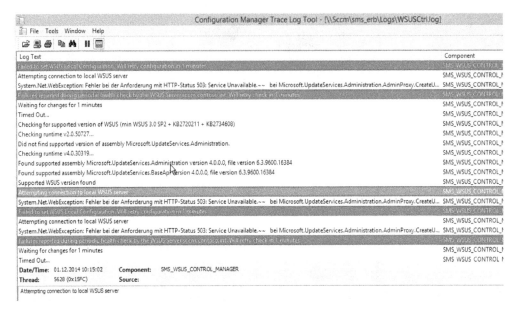

Abbildung 1.24: Das Configuration Manager Trace Log Tool kann die Protokolldateien besser anzeigen

Ermittlungsmethoden, Grenzen und Begrenzungsgruppen konfigurieren

Nachdem SCCM installiert ist, sollten Sie im nächsten Schritt die Ermittlungsmethoden konfigurieren. Hier steuern Sie, wie SCCM die Clients und Geräte finden kann, die mit dem System verwaltet werden können. Sie finden die Einstellungen über *Verwaltung\Hierarchiekonfiguration\Ermittlungsmethoden*. An dieser Stelle sind alle Ermittlungsmethoden deaktiviert, außer Frequenzermittlung.

Damit die Geräte und Computer optimal angebunden werden können, aktivieren Sie alle zur Verfügung stehenden Active Directory-Ermittlungsmethoden. Vor *allem Active Directory Gesamtstrukturermittlung* ist ein wichtiger Bereich. Aktivieren Sie hier alle drei zur Verfügung stehenden Optionen, damit SCCM auch die Standorte in Active Directory erkennen kann. Lassen Sie die Ermittlungen nach der Konfiguration sofort starten.

Auch *Active Directory-Gruppenermittlung* konfigurieren Sie. Wählen Sie hier über *Hinzufügen\Speicherort* die Domäne oder Gesamtstruktur aus, in der Sie nach Benutzer suchen wollen. In den weiteren Optionen können Sie noch Zeitpläne für die Ermittlung starten.

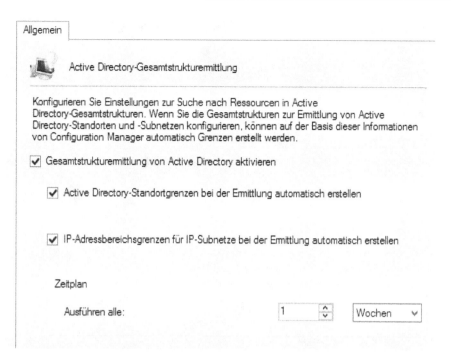

Abbildung 1.25: *Konfigurieren der Active Directory-Gesamtstrukturermittlung in SCCM*

Active Directory-Systemermittlung sollte ebenfalls aktiviert werden, und auch hier wählen Sie in den Einstellungen mit Durchsuchen wieder die Domäne aus, die durchsucht werden soll. Hierüber werden die Computerkonten in Active Directory erfasst.

Active Directory-Benutzerermittlung liest die Benutzerkonten aus Active Directory aus. Die Einstellungen entsprechen im Grunde genommen den anderen konfigurierten Methoden.

Mit der *Netzwerkermittlung* binden Sie Netzwerkgeräte wie Drucker, Switches oder Firewalls an. Sie können hier auch mit SNMP arbeiten. Die Einstellungen auf den verschiedenen Registerkarten sind optional, auch hier ist zunächst wichtig, dass Sie die Ermittlung aktivieren, damit SCCM die Geräte verwalten kann.

Bei der Verwaltung spielen auch die *Begrenzungsgruppen* im Bereich *Hierarchiekonfiguration* eine wichtige Rolle. In Active Directory werden als *Grenzen* die Active Directory-Standorte verwendet. Wollen Sie für bestimmte Bereiche der Verwaltung, zum Beispiel die Softwareverteilung, mehrere Active Directory-Standorte zusammenfassen, erstellen Sie *Begrenzungsgruppen*, welche verschiedene Active Directory-Standorte enthalten. In den meisten Umgebungen reicht es aus, wenn Sie sicherstellen, dass bei *Grenzen* die Active Directory-Standorte erfasst wurden.

Bei *Begrenzungsgruppen* können Sie festlegen, welcher SCCM-Standort für die Gruppe verwendet wird. So können Sie einen einzelnen SCCM-Standort mehreren Active Directory-Standorten zuweisen.

Geben Sie einen Active Directory-Container an, der während des Ermittlungsprozesses durchsucht werden soll.

Ort

Geben Sie einen Ort für die Active Directory-Suche an. Sie können zu einem einzelnen Container navigieren und mithilfe einer LDAP-Abfrage einen Active Directory-Container innerhalb einer bestimmten Domäne suchen. Alternativ dazu können Sie eine Abfrage des globalen Katalogs verwenden, um einen AD-Container in mehreren Domänen zu suchen.

Pfad:

LDAP://DC=contoso,DC=int   Durchsuchen...

Suchoptionen

Wählen Sie Optionen zum Bearbeiten der Suchmethode aus.

☑ Untergeordnete Active Directory-Container rekursiv durchsuchen

☐ Objekte in Active Directory-Gruppen ermitteln

Konto für die Active Directory-Ermittlung

Das Konto für die Active Directory-Ermittlung muss Leseberechtigung für den angegebenen Ort besitzen.

◉ Computerkonto des Standortservers verwenden

○ Konto angeben:

Festlegen...   ▼

OK   Abbrechen

Abbildung 1.26: Konfigurieren der Benutzerermittlung in Active Directory

Notwendige SCCM-Systemrollen zuweisen

Im Bereich *Verwaltung\Standortkonfiguration* finden Sie den Menüpunkt *Standort*. Hier sind die SCCM-Standorte und die installierten SCCM-Server zu sehen. Über *Standort\Standortsystemrollen hinzufügen* aus dem Menüband, weisen Sie dem oder deninstallierten SCCM-Server(n) über einen Assistenten wichtige Zusatzrollen hinzu.

Im Assistenten wählen Sie zunächst den SCCM-Server aus. Danach legen Sie einige optionale Einstellungen fest, und mit welchem Proxy-Server der Server mit dem Internet verbunden ist. Interessant ist das Menü *Systemrollenauswahl*. Hier legen Sie fest, welche Systemrollen Sie auf dem Server installieren wollen. Die drei wichtigsten Rollen sind die folgenden, die auch bei Ihnen ausgewählt und auf dem SCCM-Server installiert werden sollten:

- *Anwendungskatalog-Websitepunkt* - Bietet den Clients über das Softwarecenter die Möglichkeit über ein Webportal ihre Anwendungen und Einstellungen abzurufen.

- *Anwendungskatalog-Webdienstpunkt* - Gehört zum Anwendungskatalog und stellt die Software aus der Softwarebibliothek zusammen die über die SCCM-Webseite des Anwenders angezeigt werden.

- *Fallbackstatuspunk*t - Kann die Installation des SCCM-Agents auf den Ziel-Rechnern überwachen.

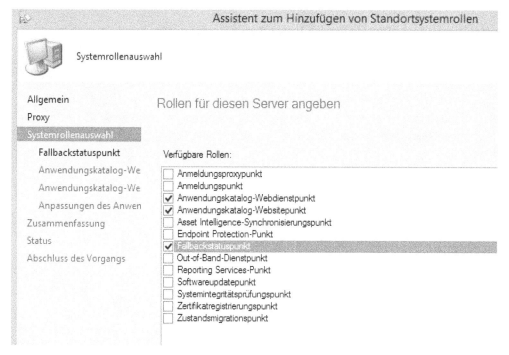

Abbildung 1.27: Zu einem SCCM-Server sollten Sie zunächst noch einige Systemtrollen zuweisen

Haben Sie die Rollen ausgewählt, konfigurieren Sie im Assistenten die Rollen. Für den Fallbackstatuspunkt müssen Sie keine Einstellungen ändern, das gilt auch für den Anwendungskatalog-Webdienstpunkt. Auch bei Anwendungskatalog-Websitepunkt müssen Sie keine Einstellungen ändern.

Auf der Seite zum Anpassen des Anwendungskataloges geben Sie einen Namen ein und wählen die Farbe aus, wie dieser Katalog angezeigt werden soll. Sie können natürlich jederzeit weitere Rollen auswählen. Für jede Rolle finden Sie bei der Auswahl im Assistenten unten eine Information, welche Aufgabe die Rolle hat. Wir gehen in diesem Buch noch auf die Installation weiterer Rollen ein.

Nachdem Sie die Systemrollen installiert haben, öffnen Sie das Verzeichnis *C:\Programme\Microsoft Configuration Manager\Logs*. Hier finden Sie die Logdatei *awebsctl.log*.

Überprüfen Sie in der Logdatei, ob der Anwendungskatalog funktioniert. Suchen Sie nach „online" bis Sie den Eintrag „AWEBSVC's status has changed from failed or unknown to online" finden. Ist das der Fall, funktioniert der Anwendungskatalog. Finden Sie hier Fehler, geben Sie diese in einer Suchmaschine ein. Mit spezifischen Fehlermeldungen erhalten Sie über eine Internetsuche in den meisten Fällen sehr schnell eine Lösung.

Wichtige Clienteinstellungen setzen

Im Bereich *Verwaltung\Clienteinstellungen,* finden Sie im rechten Bereich Standardeinstellungen die für alle Clients gelten, die Sie an SCCM angebunden haben. Klicken Sie doppelt auf *Clientstandardeinstellungen* passen Sie Einstellungen an, die für alle an SCCM angebundenen Clients gelten. Wenn Sie eigene Einstellungen vornehmen wollen, sollten Sie über das Kontextmenü von *Clienteinstellungen* eine eigene Sammlung von Einstellungen erstellen.

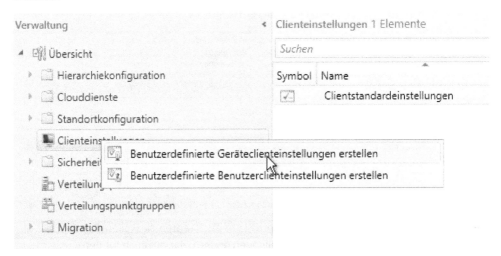

Abbildung 1.28: Erstellen von neuen Clienteinstellungen

Hier legen Sie zunächst fest, welche Bereiche Sie über die neue Sammlung verwalten wollen. Alle anderen Einstellungen werden von der Sammlung *Clientstandardeinstellungen* umgesetzt.

Für eine erste Grundeinrichtung aktivieren Sie die Bereiche *Clientrichtlinie, Kompatibilitätseinstellungen, Computer-Agent, Computerneustart, Remotetools* und *Softwarebereitstellung*. Sie können jederzeit weitere Bereiche hinzufügen oder weitere Einstellungen erstellen.

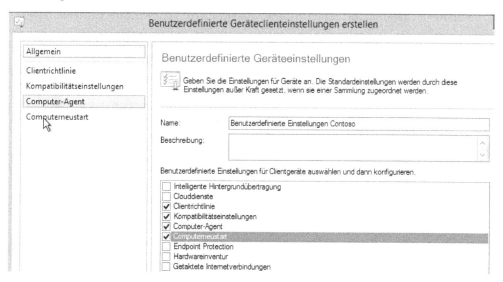

Abbildung 1.29: *Erstellen von benutzerdefinierten Geräteeinstellungen in SCCM*

Nachdem Sie die Steuerungsbereiche ausgewählt haben, stellen Sie diese über den Assistenten ein. Bestätigen Sie die Erstellung.

Die neue Liste wird auf der rechten Seite mit der Priorität 1 aufgenommen. Das heißt, alle Einstellungen, die Sie hier verwenden, werden immer zuerst auf die Clients angewendet. Die Einstellungen mit niedriger Priorität, wie bei den Clientstandardeinstellungen, werden dann übergangen. Auf diesem Weg können Sie also auch mehrere Sammlungen mit unterschiedlichen Prioritäten erstellen. Nachdem Sie die Sammlung erstellt haben, öffnen Sie diese und nehmen für die hinzugefügten Steuerungsbereiche Einstellungen vor:

- *Clientrichtlinie* - Hier steuern Sie wann die Richtlinien auf den Computern angewendet werden. Sie sollten hier den Abrufintervall verringern, zum Beispiel auf 60 Minuten.

- *Kompatibilitätseinstellungen* - Hier stellen Sie sicher, dass die Option *Kompatibilitätsauswertung auf Clients aktiviert* auf *Ja* gesetzt ist.

- *Computer-Agent* - Bei *Computer-Agent* nehmen Sie Einstellungen für den lokalen Client auf den angebundenen Computern vor. Hier sollten Sie über *Website festlegen*, den von Ihnen erstellen Anwendungskatalog auswählen. Dadurch ist dieser über das Softwarecenter auf den Clientcomputern verfügbar. Außerdem können Sie festlegen, dass das Self-Service-Portal automatisch den vertrauenswürdigen Webseiten im Internet Explorer auf den Computern hinzugefügt wird. Auch den Namen des Katalogs im Softwarecenter steuern Sie an dieser Stelle.

- *Computerneustart* - Mit *Computerneustart* legen Sie fest, wie sich die angebundenen Computer im Rahmen von neuen Installationen bezüglich von Neustarts verhalten sollen.

- *Remotetools* - Hier aktivieren Sie die Remoteverwaltung von Computern die an SCCM angebunden sind. Hier legen Sie auch die Benutzer oder -Gruppen aus Active Directory fest, die remote eine Verbindung mit den angebundenen Clients aufbauen dürfen.

- *Softwarebereitstellung* - Hier können Sie Zeitpläne für die Softwarebereitstellungen festlegen, also wann Clientcomputer nach neuen Anwendungen suchen und diese automatisiert installieren sollen.

Bestätigen Sie die Eingaben, und erstellen Sie danach noch eine Einstellungssammlung für Benutzer. Wählen Sie hier die Option *Affinität zwischen Benutzer und Gerät* aus. Mit dieser Einstellung können Sie den Benutzern ermöglichen ihr eigenes primäres Gerät im Self-Service-Portal auszuwählen und zu steuern. Das erfolgt ebenfalls über das Softwarecenter.

Client-Agents installieren und einrichten

Die Anbindung von Windows-Clients erfolgt über den SCCM-Agent. Die Installation können Sie auch als Push-Installation über die Verwaltungskonsole von SCCM starten:

1. Dazu klicken Sie auf *Verwaltung\Standortkonfiguriation*.

2. Klicken Sie in der Mitte des Fensters auf den Standort.

3. Wählen Sie aus dem Menüband *Einstellungen\Clientinstallationseinstellungen\Clientpushinstallation*.

4. Aktivieren Sie im Fenster die Option *Automatische standortweite Clientpushinstallation aktivieren*.

5. Aktivieren Sie die beiden Optionen *Server* und *Arbeitsstationen*.

6. Wechseln Sie auf die Registerkarte *Konten*.

7. Legen Sie ein Domänenkonto fest, das Rechte hat Installationen auf Servern und Computern durchzuführen.

8. Bestätigen Sie die Konfiguration.

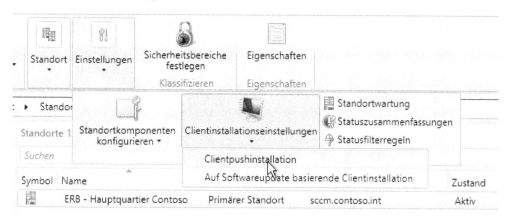

Abbildung 1.30: Über das Menüband starten Sie die Clientpushinstallation

Nach der Konfiguration startet der Server die Installation des Client-Agents auf den Computern. Dabei werden die Installationsdateien auf die Clients übertragen und danach gestartet. Sie können das auf den Ziel-Rechnern an verschiedenen Stellen überprüfen. Die Installation dauert einige Zeit.

Auf den Rechnern befindet sich bei der Aktivierung der automatisierten Installation das neue Verzeichnis *C:\Windows\ccmsetup*. Hier befinden sich die Installationsdateien des SCCM-Agents. Im Task-Manager sehen Sie den neuen Prozess *ccmsetup.exe*, der die Installation durchführt. Nach der erfolgreichen Installation finden Sie auf der Startseite von Windows 8.1 oder dem Startmenü von Windows 7 das Softwarecenter. Hier sind die Anwendungen zu sehen die dem Anwender zugewiesen wurden.

Nach einiger Zeit sehen Sie die angebundenen Geräte über *Bestand und Kompatibilität\Geräte*. Hier sollte für jeden angebundenen Computer die erfolgreiche Installation des Clients angezeigt werden, und die Clientaktivität auf *Aktiv* gesetzt sein. Es dauert etwas bis in der Konsole alle Agenten als installiert und aktiv gekennzeichnet werden.

Sie können den SCCM-Agent aber auch manuell über die SCCM-Konsole auf Clientcomputer pushen. Dazu wechseln Sie zu *Bestand und Kompatibilität\Geräte* und klicken das Gerät mit der rechten Maustaste an. Wählen Sie danach *Client installieren* aus. Es startet ein Assistent, der Sie bei der Installation des Agents auf dem Zielcomputer unterstützt. Hierüber starten Sie zum Beispiel die Installation des Agents auf Domänencontroller.

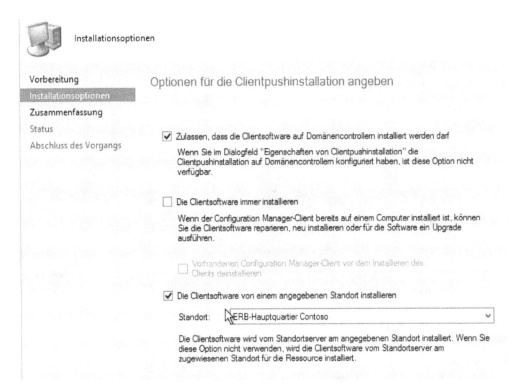

Abbildung 1.31: Push-Installation des SCCM-Clients auf neue Computer und Domänencontroller

Sobald der Agent erfolgreich installiert ist und funktioniert, wird das auf dem Server bei *Bestand und Kompatibilität\Geräte* als aktiv angezeigt. Auf dem Client gibt es einen neuen Prozess mit der Bezeichnung *ccmexec.exe* und Sie können das neue Softwarecenter öffnen und sich mit SCCM verbinden. Dieses finden Sie in Windows 7 im Startmenü und Windows 8/8.1 oder Windows Server 2012/2012 R2 über die Startseite und die Alle-Apps-Ansicht. Über *Optionen* können Anwender eigene Einstellungen vornehmen, die deren Zusammenarbeit mit SCCM betreffen.

Durch einen Klick auf *Zusätzliche Anwendungen im Anwendungskatalog suchen* auf der Registerkarte *Verfügbare Software*, verbindet sich das Softwarecenter mit dem in diesem Buch bereits behandelten Anwendungskatalog und zeigt Anwendungen an, die im Softwarecenter noch nicht verfügbar sind, aber dem Anwender/Computer zugewiesen wurden. Über das Kontextmenü der PCs sehen Sie in der SCCM-Verwaltungskonsole ebenfalls zahlreiche Informationen.

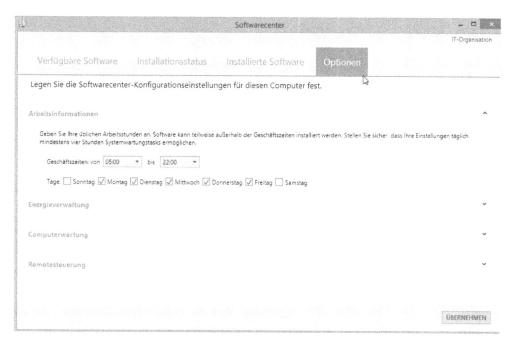

Abbildung 1.32: Im Softwarecenter können Anwender eigene Einstellungen in der SCCM-Infrastruktur vornehmen

Praxis: Sammlungen erstellen und verwalten

Sammlungen sind für SCCM, was Gruppen in Active Directory sind. Um effizient Computer und Benutzer zu verwalten und an SCCM anzubinden, sollten Sie Sammlungen im Bereich Bestand und Kompatibilität erstellen. Auf diese Weise können Sie festlegen, welche Benutzer die verschiedenen Anwendungen installiert bekommen, die mit SCCM arbeiten.

Sie können in SCCM 2012 R2 Benutzersammlungen und Gerätesammlungen erstellen und zuweisen. Standardmäßig gibt es bereits einige Sammlungen, Sie können aber jederzeit weitere Sammlungen anlegen.

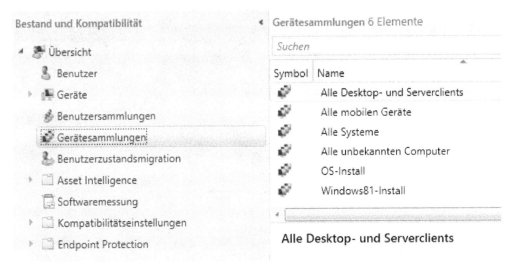

Abbildung 1.33: *Sammlungen fassen die Benutzer und Computer im SCCM-Netzwerk zusammen*

Sie können Abfragen für Sammlungen definieren, sodass bestimmte Computerkonten oder Benutzer automatisch einer Sammlung zugewiesen werden, wenn deren AD-Gruppen-Mitgliedschaft oder andere Bedingungen zutreffen. Im folgenden Beispiel zeige ich Ihnen, wie Sie zum Beispiel eine neue Sammlung für Domänencontroller erstellen. Diese wird interaktiv konfiguriert, sodass neue Domänencontroller automatisch hinzugefügt werden:

1. Erstellen Sie dazu über das Kontextmenü von *Gerätesammlungen* eine neue Gerätesammlung.

2. Anschließend startet der Assistent automatisch.

3. Geben Sie den Namen ein und klicken Sie bei *Begrenzende Sammlung* auf *Durchsuchen*.

4. Legen Sie als übergeordnete Sammlung *Alle Systeme* fest.

5. Auf der nächsten Seite erstellen Sie über *Regel hinzufügen\Abfrageregel* eine neue Regel.

6. Geben Sie der neuen Abfrageregel einen Namen, und klicken Sie dann auf *Abfrageanweisung bearbeiten*.

7. Wechseln Sie im Fenster *Eigenschaften einer Abfrageanweisung* auf die Registerkarte *Kriterien*.

8. Erstellen Sie über das Icon mit dem gelben Stern eine neue Abfrage.

9. Lassen Sie den *Kriterientyp* bei *Einfacher Wert*.

10. Klicken Sie bei *Wobei* auf *Auswählen*.

11. Aktivieren Sie die Option *Systemressource*.

12. Wählen Sie bei *Attribut* die Option *Systemorganisationseinheitsname*.

13. Klicken Sie auf *OK*.

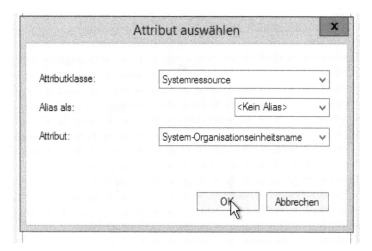

Abbildung 1.34: *Sie können umfangreiche Abfrageregeln für Sammlungen erstellen*

14. Danach klicken Sie bei *Wert* auf *Wert* um festzulegen, wie die Domänencontroller im Netzwerk gefunden werden sollen.

15. Wählen Sie die Organisationseinheit *Domain Controllers* aus.

Abbildung 1.35: *Auswählen der Kriterieneigenschaften einer neuen Abfrageregel für eine Sammlung*

16. Bestätigen Sie alle Fenster mit *OK*.

17. Nach einiger Zeit müssen für die neue Gerätesammlung die Domänencontroller angezeigt werden.

Ein weiteres Beispiel für Sammlungen, zum Beispiel zur Verteilung von Anwendungen, ist die Möglichkeit Benutzersammlungen zu erstellen und diesen Benutzer zuzuweisen. Sie legen dazu in Active Directory eine Gruppe an, in der Sie die Benutzerkonten der Anwender aufnehmen, welche eine bestimmte Anwendung erhalten sollen, zum Beispiel 7Zip.

Danach legen Sie über *Bestand und Kompatibilität\Benutzersammlungen* eine neue Benutzersammlung an. Hier legen Sie fest, dass nur Mitglieder der gewünschten AD-Gruppe Mitglied dieser Sammlung sein sollen:

1. Dazu erstellen Sie zunächst die AD-Gruppe und danach die neue Benutzersammlung in der SCCM-Verwaltungskonsole.

2. Wählen Sie als *Begrenzende Sammlung* die Sammlung *Alle Benutzer*.

3. Auch hier erstellen Sie über *Regel hinzufügen* eine neue *Abfrageregel*, wie bei der zuvor beschriebenen Gerätesammlung.

4. Wählen Sie als *Ressourcenklasse* die Option *Benutzerressource*.

5. Geben Sie einen Namen für die Abfrageregel ein und klicken Sie auf *Abfrageanweisung bearbeiten*.

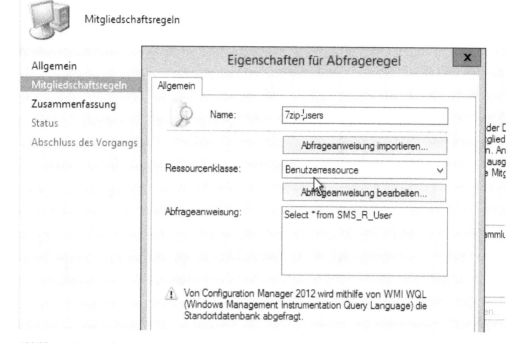

Abbildung 1.36: *Erstellen einer neuen Benutzersammlung*

6. Wechseln Sie auf die Registerkarte *Kriterien* und erstellen Sie ein neues Kriterium.

7. Klicken Sie bei *Wobei* auf *Auswählen*.

8. Aktivieren Sie *Benutzerressource* und wählen Sie *Benutzergruppenname*.

9. Klicken Sie auf *Wert* und geben Sie die Gruppe in der Syntax *<Domäne>\<Gruppenname>* ein.

10. Schließen Sie die Erstellung der Sammlung an.

11. Wenn Sie neue Anwendungen bereitstellen, wie wir in diesem Buch noch ausführlich zeigen, können Sie die erstellte Benutzersammlung für die Zuweisung auswählen.

Abbildung 1.37: *Erstellen einer neuen Kriterieneigenschaft*

Boot-Images in SCCM verwalten und bereitstellen

Sie können mit SCCM auch Software im Netzwerk verteilen und Betriebssysteme installieren. Für das Booten der Computer über das Netzwerk verwendet SCCM 2012 R2 eigene Boot-Images. Sie können aber auch neue Boot-Images erstellen.

Damit das Booten über das Netzwerk zum SCCM funktioniert, müssen Sie zunächst einige Einstellungen vornehmen. Sie müssen über *Verwaltung\Standortkonfiguration\Server und Standortsystemrollen* zunächst Ihren SCCM-Server anklicken. Im unteren Bereich der Konsole sehen Sie dann dessen zugewiesene Standortsystemrollen.

Klicken Sie mit der rechten Maustaste auf *Verteilungspunkt* und wählen Sie *Eigenschaften*. Wechseln Sie auf die Registerkarte *PXE*. Aktivieren Sie hier die folgenden Optionen:

PXE-Unterstützung für Clients aktivieren.

Antwort auf eingehende PXE-Anforderungen durch diesen Verteilungspunkt zulassen.

Unterstützung für unbekannte Computer zulassen.

Kennwort erforderlich, wenn PXE von Computern verwendet wird. Sie können aber diese Option generell auch weglassen.

Auf PXE-Anforderungen an allen Netzwerkschnittstellen reagieren oder Auf PXE-Anforderungen an bestimmten Netzwerkschnittstellen reagieren steuert mit welchen Netzwerkkarten sich die PXE-Clients verbinden.

Achten Sie darauf Ihren DHCP-Server für PXE zu konfigurieren. Beim Einsatz von Windows-DHCP-Servern müssen Sie dazu die Eigenschaften des Bereiches so anpassen, dass auf der Registerkarte *Erweitert* auch *Bootp* unterstützt wird. Außerdem müssen die beiden DHCP-Optionen 66 und 67 gesetzt sein. Betreiben Sie den DHCP-Server auf dem SCCM-Server, müssen Sie noch die Option 60 verwenden (http://technet.microsoft.com/de-de/library/cc772021.aspx). Danach bestätigen Sie diese Einstellungen.

Sie können in den nächsten Schritten die Boot-Images von SCCM konfigurieren. Dazu wechseln Sie zu *Softwarebibliothek\Betriebssysteme\Startabbilder*. Hier sehen Sie alle verfügbaren Startabbilder auf Basis von Windows PE. Auf Wunsch können Sie an dieser Stelle auch eigene Startabbilder hinterlegen.

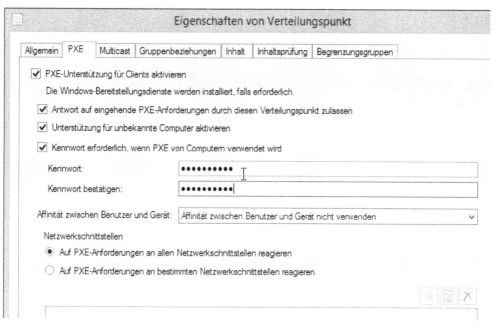

Abbildung 1.38: *In SCCM müssen Sie noch die PXE-Einstellungen konfigurieren, damit Sie Betriebssysteme über das Netzwerk installieren können*

Über das Kontextmenü bearbeiten Sie die Eigenschaften der Boot-Images. Auf der Registerkarte *Anpassung* sollten Sie die Option *Befehlsunterstützung aktivieren (nur Test)* setzen.

Auf der Registerkarte *Datenquelle* sehen Sie, auf welcher Freigabe die Imagedatei gespeichert ist. Hier muss auch die Option *Dieses Startabbild über PXE-fähigen Verteilungspunkt bereitstellen* aktiviert sein. Bestätigen Sie die Änderungen.

Im nächsten Schritt klicken Sie die Boot-Images mit der rechten Maustaste an und wählen *Inhalt verteilen*. Wählen Sie im Assistenten als Inhaltsziel über *Hinzufügen\Verteilungspunkt* Ihren SCCM-Server aus. Danach steht das Image bereit. Verteilen Sie auf diesem Weg alle Boot-Images, die Sie im Netzwerk einsetzen wollen. Die Bereitstellung überprüfen Sie mit *Überwachung\Verteilungsstatus\Inhaltsstatus*. Hier sehen Sie alle bereitgestellten Anwendungen.

Für die Fehlervermeidung klicken Sie auf *Verwaltung\Standortkonfiguration\Standorte* und wählen Ihren Standort aus. Über *Einstellungen\Standortkomponenten konfigurieren\Softwarebereitstellung*, geben Sie auf der Registerkarte *Netzwerkzugriffskonto* ein Konto an, mit dem Installationsassistenten über das Netzwerk Daten übertragen dürfen.

Mit SCCM eigene Installations-Images für Windows 7/8 erstellen

Sie haben die Möglichkeit mit SCCM ein Image von einem vorgefertigten Muster-PC zu erstellen und in die SCCM-Infrastruktur zur Verteilung einzubinden. Achten Sie aber darauf, dass der PC noch kein Mitglied der Domäne sein darf. Die Domänenaufnahme erfolgt auf Wunsch im Rahmen der Installation durch SCCM:

1. Wechseln Sie zu *Softwarebibliothek\Betriebssysteme\Tasksequenzen*.

2. Klicken Sie mit der rechten Maustaste auf *Tasksequenzen* und wählen Sie *Tasksequenzmedien erstellen*.

3. Wählen Sie im Assistenten die Option *Capture Medien*.

Medientyp wählen

Medientyp wählen

Medientyp auswählen

Medientyp

Startabbild

Zusammenfassung

Status

Abschluss des Vorgangs

Wählen Sie den Typ der neuen Medien (CD, DVD oder USB-Speicherstick) bzw. die Datei aus, die zur Bereitstellung bzw. Erstellung eines Betriebssystems verwendet werden soll.

○ Eigenständige Medien
  Erstellt Medien für die Bereitstellung von Betriebssystemen ohne Netzwerkzugriff.

○ Startbare Medien
  Erstellt Medien für die Bereitstellung von Betriebssystemen unter Einsatz der ConfigMgr-Infrastruktur.

⊙ Capture Medien
  Erstellt Medien zur Erfassung eines Betriebssystem-Bereitstellungsabbilds unter Einsatz eines Referenzcomputers.

○ Vorab bereitgestellte Medien
  Erstellt eine Datei zur Vorabbereitstellung auf einer Festplatte, die ein Betriebssystem enthält.

Mit diesem Kontrollkästchen aktivieren Sie die unbeaufsichtigte Betriebssystembereitstellung, bei der weder eine Netzwerkkonfiguration noch optionale Tasksequenzen angefordert werden.

☐ Unbeaufsichtigte Betriebssystembereitstellung zulassen

Abbildung 1.39: Erstellen eines Mediums zum Erfassen eines Images

4. Auf der nächsten Seite wählen Sie aus, ob Sie einen USB-Stick erstellen wollen, oder eine ISO-Datei. Klicken Sie beim Erstellen einer ISO-Datei auf *Durchsuchen* und legen Sie fest, wo der Assistent die ISO-Datei speichern soll. Mit dieser Datei booten Sie später den Quell-Rechner und sichern das Image direkt auf den SCCM-Server.

5. Wählen Sie danach das Boot-Image aus, mit dem der Quell-Rechner starten soll. Außerdem wählen Sie den SCCM-Server aus.

6. Kopieren Sie die ISO-Datei auf CD/DVD und legen Sie diesen in das Laufwerk des Quell-Rechners.

7. Starten Sie die Windows-Version, von der Sie ein Image erstellen wollen, und rufen Sie von der CD/DVD das Programm *LaunchMedia.cmd* auf.

8. Wählen Sie im Fenster aus, wo die WIM-Datei des Images gespeichert werden soll.

9. Außerdem müssen Sie einen Benutzernamen und ein Kennwort für die Freigabe angeben.

10. Schließen Sie den Assistenten ab und lassen Sie das Image auf den SCCM-Server übertragen.

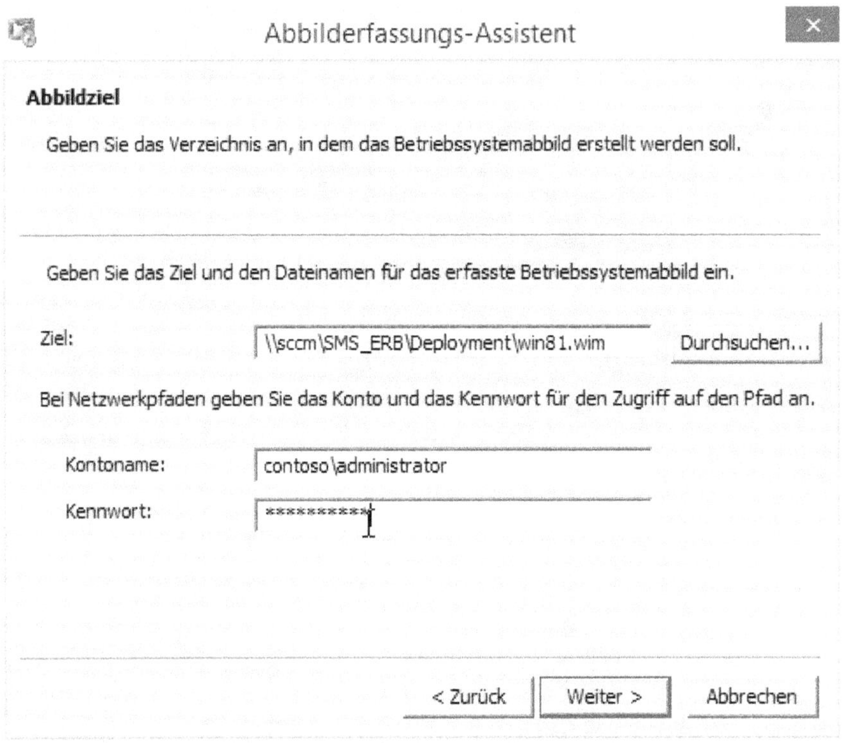

Abbildung 1.40: Erstellen es Images auf dem SCCM-Server

Dieses Image können Sie später über den SCCM automatisiert im Netzwerk bereitstellen. Dazu können Sie über das Kontextmenü von *Betriebssystemabbilder* im Bereich *Softwarebibliothek\Betriebssysteme* das erstellte Image hinzufügen. Im Assistenten wählen Sie die WIM-Datei und andere Daten aus.

Die Verteilung nehmen Sie über das Kontextmenü des neuen Images vor. Dazu wählen Sie *Inhalt verteilen*. Hier legen Sie die SCCM-Server fest, über die das WIM-Image verteilt werden darf. Nach das WIM-Image auf den Servern bereitsteht, können Sie PCs im Netzwerk mit dem Image ausstatten.

Betriebssysteme über SCCM im Netzwerk bereitstellen

Sie können erstellte Images auch über SCCM im Netzwerk verteilen. Die Rechner booten dazu über PXE, verbinden sich mit dem SCCM und rufen das Betriebssystem ab. Sie können für die Verteilung auch Filter setzen, zum Beispiel bestimmte MAC-Adressen. Im nächsten Abschnitt zeige ich Ihnen, wie Sie Sammlungen in SCCM erstellen, Geräte den Sammlungen zuweisen und dann schließlich Betriebssysteme diesen Rechnern zuweisen.

Wechseln Sie dazu zunächst zu Bestand und *Kompatibilität\Gerätesammlungen*. Über das Kontextmenü erstellen Sie eine neue Sammlung. Geben Sie der neuen Sammlung einen Namen und wählen Sie die *Begrenzende Sammlung* aus, welche die Grundlage der neuen Sammlung darstellt. Auf Wunsch können Sie noch Regeln festlegen, welche Rechner der übergeordneten Sammlung Mitglied der untergeordneten Sammlung sein sollen. In diesem Beispiel weisen wir einen neuen Rechner manuell der Sammlung hinzu.

Klicken Sie dazu auf *Geräte* und dann auf *Erstellen\Computerinformationen importieren*. Geben Sie die MAC-Adresse des Computers ein, legen sie einen Namen für den neuen PC fest, und wechseln Sie auf die nächste Seite des Assistenten. Weisen Sie danach den Computer der von Ihnen erstellten Sammlung im Assistenten zu.

Um dem neuen Rechner jetzt ein Betriebssystem zuzuweisen, klicken Sie auf *Softwarebibliothek\Betriebssysteme\Tasksequenzen* mit der rechten Maustaste und erstellen eine neue Tasksequenz. Wählen Sie im Assistenten die Option *Bestehendes Abbildpaket installieren*.

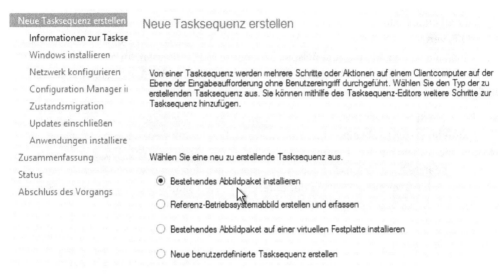

Abbildung 1.41: *Erstellen einer neuen Tasksequenz*

Geben Sie der Sequenz einen Namen und wählen Sie das Startabbild fest, mit dem der PC über SCCM gebootet werden soll. Danach wählen Sie das Betriebssystem aus, dass Sie dem Client zuweisen wollen. Wählen Sie bei *Abbild* das gewünschte Abbild aus dem Image aus. Das ist normalerweise *1-1*. Im Fenster können Sie auch noch den Produktschlüssel festlegen und das lokale Administratorkennwort.

Auf dem nächsten Fenster legen Sie fest, ob der Computer Mitglied der Domäne werden soll, und in welcher Organisationseinheit das Konto abgelegt werden soll. Auch das Benutzerkonto zum Hinzufügen der Domäne steuern Sie in diesem Fenster. Auf den weiteren Fenstern können Sie verschiedene Einstellungen vornehmen und Daten übernehmen. Schließen Sie den Assistenten ab.

Wenn die Tasksequenz erstellt ist, klicken Sie diese mit der rechten Maustaste an und wählen *Bereitstellen*. Wählen Sie die Tasksequenz aus und die Sammlung in der Sie den neuen Computer aufnehmen wollen.

Wählen Sie bei den *Bereitstellungseinstellungen* die Option *Verfügbar* bei *Zweck* und *Nur Medien und PXE* bei *Verfügbar machen für*. Auf den weiteren Seiten können Sie die Installation noch anpassen und schließen damit die Bereitstellung ab.

Booten Sie den Rechner, startet dieser über PXE, verbindet sich mit SCCM und ruft die konfigurierte Tasksequenz ab.

Neben einem PXE-Boot, können Sie auch ein Tasksequenz-Medium über diesen Weg erstellen. Mit diesem Starten Sie einen Rechner, damit er sich mit dem Netzwerk verbinden kann. Über das Medium findet die Installation genauso statt, wie bei einer Installation über PXE.

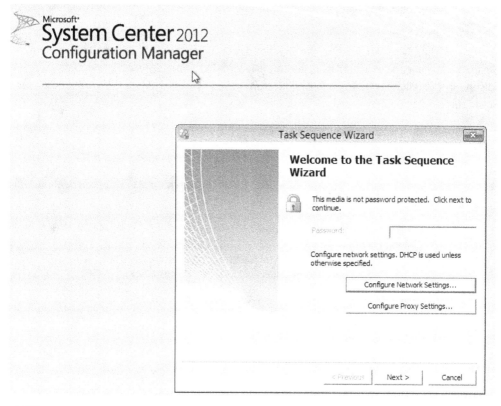

Abbildung 1.42: Mit SCCM installieren Sie auch über das Netzwerk Rechner mit Windows 7/8.1

Office 2013 mit Office Customization Tool automatisiert installieren

Mit dem Office 2013 Office 2012 Customization Tool (OCT) können Sie Office-Installationen so anpassen, dass diese vollständig automatisiert installiert werden. Dieses Tool nutzen Sie auch für die Installation von Office 2013 über SCCM.

Setzen Sie eine Volumenlizenz ein, starten Sie das OCT über den Befehl *setup /admin*. Nutzen Sie eine andere Lizenzierung, laden Sie sich das OCT kostenlos bei Microsoft (http://www.microsoft.com/en-in/download/details.aspx?id=35554).

Nach dem Download klicken Sie doppelt auf die Datei und lassen die Dateien des Archivs in das Verzeichnis „Admin" innerhalb der Office 2013-Installationsdateien extrahieren. Das Verzeichnis „Admin" müssen Sie dazu manuell anlegen. Überprüfen Sie danach mit *setup /admin*, ob das OCT startet. Erhalten Sie einen Fehler, stellen Sie sicher, dass sich im Admin-Verzeichnis auch alle entpackten Dateien befinden und kein weiteres Unterverzeichnis angelegt wurde.

Wählen Sie die Office-Version aus, die Sie über das OCT bereitstellen wollen. Danach können Sie die Einstellungen der Installation automatisieren. Hier haben Sie freie Hand. Die folgenden Einstellungen sollten aber mindestens gesetzt werden, damit die Installation über SCCM funktioniert:

1. Wählen Sie zunächst die Standard-Dateitypen.

2. Klicken Sie auf *Installationsspeicherort und Name der Organisation*.

3. Geben Sie den Namen der Organisation ein, und legen Sie das Installationsverzeichnis auf dem Rechner fest.

4. Klicken Sie auf *Lizenzierung und Benutzeroberfläche* und legen Sie fest, wie Sie Office 2013 lizenzieren wollen.

5. Aktivieren Sie *Ich stimme den Bedingungen des Lizenzvertrags zu*.

6. Aktivieren Sie bei *Anzeigeebene* die Option *Grundlegend*.

7. Aktivieren Sie *Modalen Dialog unterdrücken*.

8. Aktivieren Sie *Kein Abbrechen*.

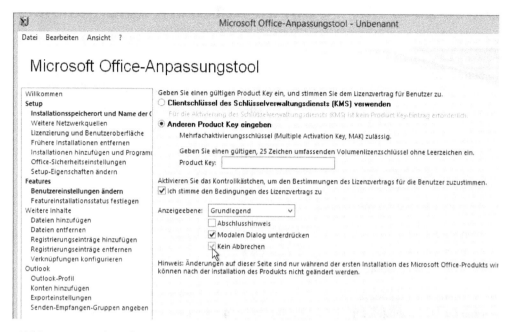

Abbildung 1.43: *Mit dem Office-Anpassungstool automatisieren Sie die Installation von Office 2013*

9. Wechseln Sie zu *Setup-Eigenschaften ändern*.

10. Klicken Sie auf *Hinzufügen*.

11. Geben Sie bei *Name* die Option *Setup_REBOOT* ein.

12. Geben Sie bei *Wert* die Option *Never* ein.

13. Klicken Sie auf *Benutzerstellungen ändern\Microsoft Office 2013\Datenschutz\TrustCenter*.

14. Aktivieren Sie die Option *Bestätigungs-Assistenten bei der ersten Ausführung deaktivieren* die Option *Deaktiviert*.

Nehmen Sie weitere Einstellungen vor, wenn Sie noch mehr Automatisieren wollen. Klicken Sie danach auf *Speichern,* und speichern Sie die MSP-Datei im Verzeichnis *Updates* der Installationsdateien von Office 2013.

Bei der Installation von Office 2013 werden jetzt die Einstellungen automatisiert aus dieser Datei übernommen. Office 2013 führt generell alle Updates automatisch durch, die sich in diesem Verzeichnis befinden. Sie können auf diesem Weg also auch andere MSP-Dateien integrieren. Sie können jetzt die Office-Installation auch in SCCM integrieren.

Office 2013 mit SCCM im Netzwerk automatisiert verteilen

Im Bereich *Softwarebibliothek* können Sie Anwendungen automatisiert bereitstellen, zum Beispiel Office 2013. Dazu automatisieren Sie die Office 2013-Installation zunächst mit dem Office-Anpassungstool. Kopieren Sie die Installationsdateien dazu auf eine Freigabe im Netzwerk, über welche die Installation stattfinden soll.

In der SCCM-Verwaltungskonsole klicken Sie dann im Bereich *Softwarebibliothek\Anwendungsverwaltung* mit der rechten Maustaste auf *Anwendungen*. Wählen Sie aus dem Kontextmenü *Anwendung erstellen* aus. Danach startet der Einrichtungsassistent für neue Anwendungen.

Wählen Sie zunächst bei *Speicherort* mit *Durchsuchen* die Freigabe mit den Installationsdateien. Wählen Sie das Verzeichnis *proplusr.ww* und dann die Datei *proplusww.msi* aus, wenn Sie die Office 2013 Professional Plus-Version installieren.

Verwenden Sie eine andere Version, heißt das Verzeichnis entsprechend ähnlich. Danach werden die Daten eingelesen und Sie können bei *Allgemeine Informationen* Daten zur Installation eingeben. Legen Sie über *Auswählen* eine neue Kategorie für Office fest, zum Beispiel *Standard-Anwendungen*.

Abbildung 1.44: *Office 2013 automatisiert im Netzwerk bereitstellen*

Danach wird die Anwendung in SCCM integriert und steht zur Verfügung. Über das Kontextmenü der hinzugefügten Anwendung rufen Sie zunächst *Eigenschaften* auf. Wechseln Sie auf die Registerkarte *Bereitstellungstypen* und klicken Sie auf *Bearbeiten*. Stellen Sie sicher, dass bei *Inhaltsort* das Hauptverzeichnis der Installationsdateien aufgelistet ist, nicht der Unterordner *proplusr.ww*. Löschen Sie notfalls alle Einträge nach dem Hauptverzeichnis und bestätigen Sie die Änderung.

Über das Kontextmenü wählen Sie *Inhalt verteilen*, damit das Office-Paket über die SCMM-Verteilungspunkte im Netzwerk bereitgestellt wird. Wählen Sie hier den SCCM-Server aus. Sie sehen bei *Überwachung\Verteilungsstatus\Inhaltsstatus* die Verteilung.

Als Nächstes stellen Sie die Anwendung bereit. Wählen Sie im Kontextmenü dazu *Bereitstellen* aus und wählen Sie die Sammlung aus, in der Sie die Anwendung bereitstellen wollen. Sie können hier mit den vorgefertigten Benutzern arbeiten, oder mit neue Benutzer in der SCCM-Verwaltungskonsole anlegen.

Im Bereich *Bestand und Kompatibilität* können Sie neue Sammlungen für Benutzer anlegen und auch Benutzerkonten zuweisen. Im Bereich *Benutzer* sehen Sie auch die Gruppen aus Active Directory. Über das Kontextmenü von Benutzern und Gruppen in diesem Bereich, können Sie diese einer Sammlung hinzufügen. Nehmen Sie dann ein neues Benutzerkonto in die Gruppe mit auf, wird dieser in die dazugehörige Sammlung aufgenommen und erhält darauf hin Office 2013.

Schließen Sie den Assistenten ab, und lassen Sie das Softwarepaket bereitstellen. Wenn Anwender jetzt auf Ihrem Rechner im Softwarecenter die zur Verfügung stehenden Anwendungen aufrufen, erscheint die neue Anwendung nach einiger Zeit. Das kann allerdings durchaus einige Stunden dauern.

Bereitstellung von Anwendungen simulieren

Wenn Sie Anwendungspakete erstellt haben, müssen Sie diese nicht gleich produktiv bereitstellen, sondern können die Bereitstellung simulieren um den Vorgang zu testen. Sie erstellen dazu das Anwendungspaket über den Bereich *Softwarebibliothek\Übersicht\Anwendungen*. Danach verteilen Sie die Anwendung über deren Kontextmenü mit *Inhalt verteilen*. Anschließend wählen Sie das Kontextmenü erneut aus und wählen *Bereitstellung simulieren*.

Der Assistent sieht jetzt aus, wie das produktive Bereitstellen von Anwendungen, mit dem Unterschied, dass Sie die Bereitstellung nur testen und überprüfen, ob diese auch auf den Clientcomputern funktionieren würde.

Klicken Sie auf die simulierte Anwendung, sehen Sie im unteren Bereich, ob die Bereitstellung funktioniert. Bei *Überwachung\Bereitstellungen* sehen Sie welche Anwendungen aktuell simuliert werden, ob später die produktive Bereitstellung funktionieren würde.

Updates über SCCM und WSUS verteilen

Sie können über SCCM, zusammen mit WSUS, auch Updates verteilen lassen. Die Einstellungen dazu finden Sie zunächst bei *Softwarebibliothek\Übersicht\Softwareupdates*. Damit Sie die Updates über WSUS verteilen können, benötigen Sie zunächst eine neue Serverrolle im SCCM-Netzwerk:

1. Klicken Sie auf *Verwaltung*.

2. Klicken Sie auf *Standortkonfiguration\Standorte* und markieren Sie Ihren Standort.

3. Klicken Sie mit der rechten Maustaste auf den Standort und wählen Sie *Standortsystemrollen hinzufügen*.

Abbildung 1.45: *Im Kontextmenü von Standorten finden Sie verschiedene Verwaltungsaufgaben, darunter die Möglichkeit neue Systemrollen hinzufügen zu können*

4. Klicken Sie sich durch den Assistenten, und wählen Sie bei *Systemrollenauswahl* die Option *Softwareupdatepunkt* aus. Diese Rolle ist für die Verteilung von Updates über WSUS verantwortlich.

5. Um die Systemrolle zu konfigurieren, wählen Sie die entsprechenden Optionen aus, also auf welcher Basis Sie WSUS mit SCCM verbinden.

6. Danach legen Sie noch fest mit welchem Benutzerkonto der SCCM-Server sich mit WSUS verbinden soll.

7. Anschließend legen Sie fest, von wo die Updates heruntergeladen werden sollen. Diese Konfiguration steuert den lokalen WSUS-Server auf dem SCCM-Server.

8. Legen Sie noch den Zeitplan fest, und wie sich WSUS bei neuen Versionen von Updates verhalten sollen.

9. Legen Sie anschließend noch fest welche Klassifizierungen, Produkte und Sprachen Sie über SCCM/WSUS im Netzwerk verteilen wollen.

10. Schließen Sie den Assistenten ab.

Einstellungen für den Softwareupdatepunkt angeben

Ein Softwareupdatepunkt wird in Windows Server Update Services (WSUS) integriert, um Softwareupdates für Configuration Manager-Clients bereitzustellen.

⚠ Damit von Configuration Manager ein Softwareupdatepunkt verwendet wird, der nicht auf dem Standortserver installiert ist, müssen Sie zunächst die WSUS-Administrationskonsole auf dem Standortserver installieren.

WSUS-Konfiguration

○ WSUS ist zur Verwendung von Port 80 und 443 für die Clientkommunikation konfiguriert (Standardeinstellung von WSUS 3.0 SP2)

◉ WSUS ist zur Verwendung von Port 8530 und 8531 für die Clientkommunikation konfiguriert (WSUS-Standardeinstellung unter Windows Server 2012)

☐ SSL-Kommunikation mit dem WSUS-Server erforderlich

Clientverbindungstyp

◉ Nur Intranetclientverbindungen zulassen

○ Nur Internetclientverbindungen zulassen

○ Intranet- und Internetclientverbindungen zulassen

Abbildung 1.46: WSUS können Sie mit SCCM verbinden und Updates so besser verwalten

Sobald WSUS mit SCCM konfiguriert und verbunden ist, steuern Sie die Updates über *Softwarebibliothek\Übersicht\Softwareupdates*. Hier sehen Sie nach einiger Zeit die Updates die über SCCM verteilt werden können.

Überprüfen Sie nach der Einrichtung auch die Logdatei *wsyncmgr.log* im Verzeichnis *C:\Programme\Microsoft Configuration Manager\Logs*. Hier sehen Sie, ob sich der Server mit WSUS und Windows-Update synchronisieren kann.

Auch die Datei *wcm.log* spielt bei der Überprüfung eine wichtige Rolle. Über das Kontextmenü von *Alle Softwareupdates* starten Sie eine manuelle Synchronisierung. Über den Bereich *Überwachung* sehen Sie ebenfalls den aktuellen Status der Aufgaben.

Über das Kontextmenü des Standortes können Sie die Systemrolle für den Softwareupdatepunkt anpassen. Diesen Bereich finden Sie über *Verwaltung\Standortkonfiguration\Standorte.*

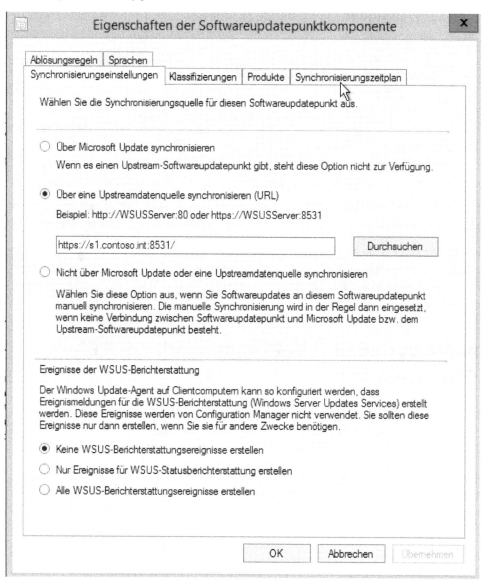

Abbildung 1.47: *Die Einstellungen für den Softwareupdatepunkt können Sie jederzeit anpassen*

Klicken Sie wiederum auf *Softwarebibliothek\Übersicht\Softwareupdates*, sehen Sie in der Mitte des Fensters aktuelle Warnungen und können hier auch recht schnell Fehler finden und beheben.

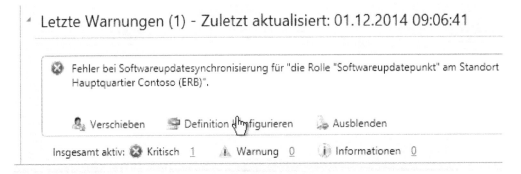

Abbildung 1.48: Die SCCM-Konsole kann Fehler zentral anzeigen und unterstützt bei der Fehlerbehebung

Sobald Updates auf dem Server angezeigt werden, können Sie über *Softwareupdategruppen* die Updates zusammenfassen, die Sie für verschiedene Computer bereitstellen wollen.

Anschließend können Sie die Updates über die SCCM-Infrastruktur verteilen und bereitstellen, wie andere Anwendungen auch. Der Vorteil dabei liegt in der Gruppierung der Updates. Diese werden auf den Clientcomputern nicht nur über Windows-Update angezeigt, sondern auch im Softwarecenter.

Pakete verteilen - .Net Framework 4.5.2 über SCCM verteilen

Systemerweiterungen wie .Net Framework installieren Sie nicht als Anwendungen oder Systemupdates, sondern mit Paketen. Diese verwalten Sie im Bereich *Softwarebibliothek\Übersicht\Pakete*. Über das Kontextmenü erstellen Sie neue Pakete.

Auf der Startseite geben Sie den Namen des Paketes ein und einige Standarddaten. Dazu legen Sie noch fest, wo die Installationsdateien des Paketes liegen. Hier wählen Sie die Installationsdatei von .Net Framework 4.5.2 auf einer Freigabe im Netzwerk aus.

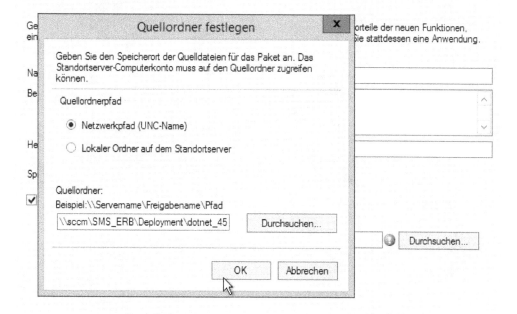

Abbildung 1.49: .Net Framework installieren Sie über ein Paket

Nachdem Sie die Quelldateien ausgewählt haben, wählen Sie die Installationsvariante aus, im Beispiel von .Net Framework die Option *Standardprogramm*. Danach steuern Sie die Befehlszeile für die Installation. Hier geben Sie noch einmal den Namen ein, wählen die eigentliche Installationsdatei aus und danach die Optionen */q /norestart /ChainingPackage ADMINDEPLOYMENT*.

Die weiteren Optionen können Sie an Ihre Bedürfnisse anpassen. Auf der nächsten Seite der Einstellungen nehmen Sie weitere Konfigurationen vor und können das aktuelle Paket in Abhängigkeit mit anderen Paketen oder Anwendungen setzen. Außerdem können Sie noch auswählen auf welchen Betriebssystemen das Paket installiert werden soll.

Schließen Sie die Erstellung des Paketes ab. Danach klicken Sie es mit der rechten Maustaste an und wählen *Inhalt verteilen* aus. Anschließend klicken Sie das Paket noch einmal mit der rechten Maustaste an und wählen *Bereitstellen*. Danach wird das Paket auf den Clientrechnern im Netzwerk verteilt. Die Bereitstellung von Paketen ist weitgehend identisch mit der Bereitstellung von Anwendungen.

Überprüfen Sie nach der Bereitstellung der Anwendungen im Verzeichnis
C:\Windows\CCM\Logs die Datei *execmgr.log*. Diese befindet sich auf den Clientcomputern.
Hier sehen Sie die Bereitstellung des Paketes.

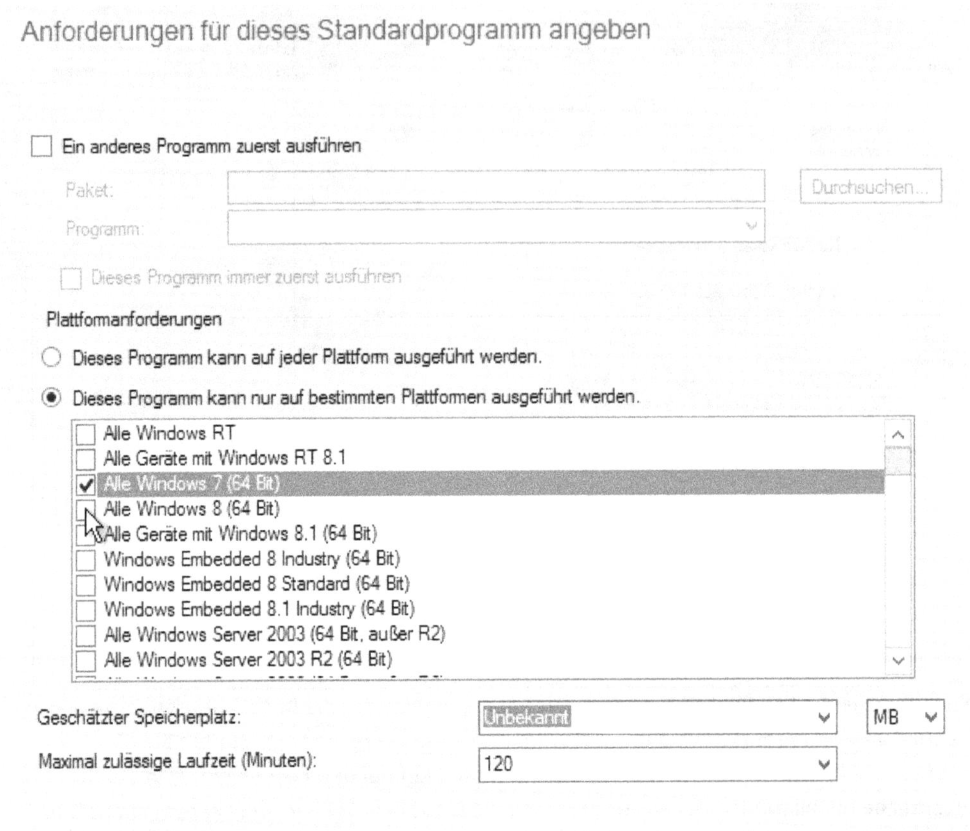

Anforderungen für dieses Standardprogramm angeben

☐ Ein anderes Programm zuerst ausführen

Paket: Durchsuchen...

Programm: ∨

☐ Dieses Programm immer zuerst ausführen

Plattfomanforderungen

○ Dieses Programm kann auf jeder Plattform ausgeführt werden.

◉ Dieses Programm kann nur auf bestimmten Plattformen ausgeführt werden.

☐ Alle Windows RT
☐ Alle Geräte mit Windows RT 8.1
☑ Alle Windows 7 (64 Bit)
☐ Alle Windows 8 (64 Bit)
☐ Alle Geräte mit Windows 8.1 (64 Bit)
☐ Windows Embedded 8 Industry (64 Bit)
☐ Windows Embedded 8 Standard (64 Bit)
☐ Windows Embedded 8.1 Industry (64 Bit)
☐ Alle Windows Server 2003 (64 Bit, außer R2)
☐ Alle Windows Server 2003 R2 (64 Bit)

Geschätzter Speicherplatz: Unbekannt   ∨   MB ∨

Maximal zulässige Laufzeit (Minuten):   120   ∨

Abbildung 1.50: Auswählen der Installieroptionen für ein Paket

SCCM 2012 R2 sichern und Wartungstasks aktivieren

Um SCCM 2012 R2 effizient zu sichern, sollten Sie in der SCCM-Verwaltungskonsole einige
Einstellungen anpassen. Dazu öffnen Sie zunächst den Bereich
Verwaltung\Standortkonfiguration\Standorte. Markieren Sie den Standort für den Sie Server
sichern wollen. Klicken Sie danach auf *Einstellungen\Standortwartung*.

Im neuen Fenster sehen Sie verschiedene Wartungstasks des Standortes die aktiviert oder eben nicht aktiviert sind. Um SCCM effizient zu sichern, aktivieren Sie zunächst den Wartungstask *Standortserver sichern*.

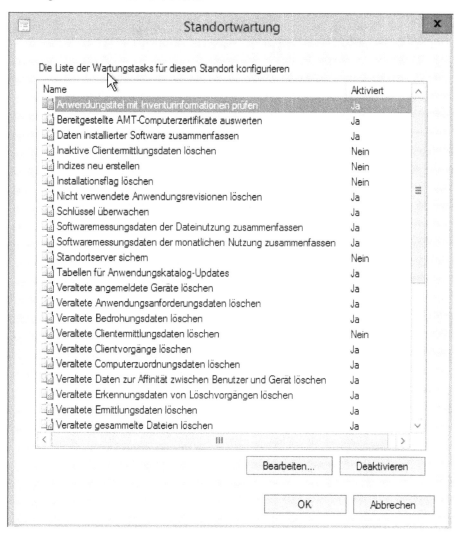

Abbildung 1.51: *Wartungstasks helfen bei der Pflege der SCCM-Infrastruktur und auch bei der Datensicherung*

Nachdem der Task aktiviert ist, konfigurieren Sie diesen zunächst. Klicken Sie dazu auf *Bearbeiten*. Im neuen Fenster aktivieren Sie zunächst die Sicherungsaufgabe für SCCM und klicken auf *Pfad festlegen*.

Jetzt können Sie ein Verzeichnis festlegen, indem SCCM wichtige Daten ablegt. Dieses lokale Verzeichnis sollten Sie natürlich mit der Datensicherung des Servers mit sichern lassen. Legen Sie im Fenster auch den Zeitpunkt fest, wann die Datensicherung erfolgen soll. Verwenden Sie als Pfad zur Sicherung am besten eine Freigabe im Netzwerk.

Abbildung 1.52: Die Datensicherung von SCCM können Sie in der Verwaltungskonsole von SCCM steuern

Nachdem Sie die Konfiguration vorgenommen haben, sichert der Wartungstask automatisch die wichtigsten SCCM-Daten in dem von Ihnen festgelegten Verzeichnis.

In den Einstellungen der Wartungstasks können Sie die Sicherung aber auch manuell durchführen lassen. Rufen Sie dazu die Systemdienste auf dem Server auf (*services.msc*) und suchen Sie den Systemdienst *SMS_SITE_BACKUP*. Starten Sie diesen Dienst, wird die Sicherung durchgeführt, und der Dienst danach wieder beendet. Durch das Starten des Dienstes können Sie also jederzeit manuell eine Datensicherung durchführen lassen.

Öffnen Sie auch über das CMTrace-Tool die Logdatei *smsbackup.log*. Hier sehen Sie den Status der Datensicherung, und ob die Sicherung funktioniert.

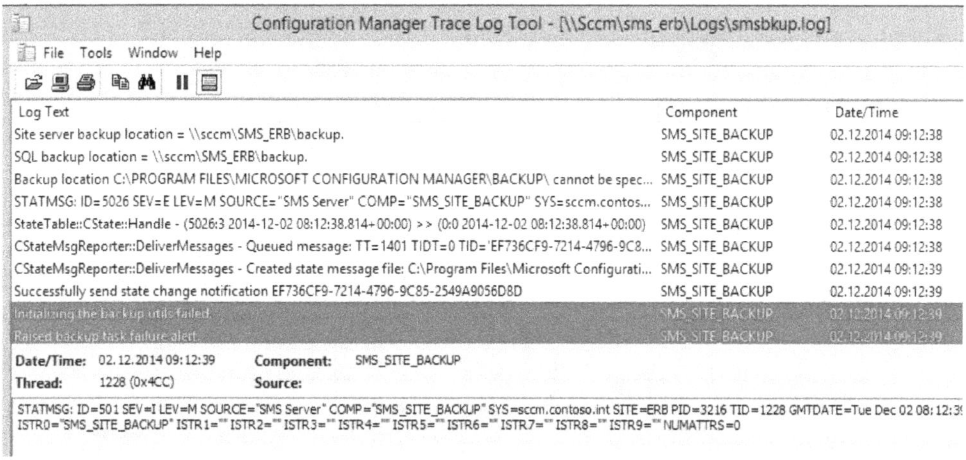

Abbildung 1.53: Die Datensicherung in SCCM können Sie auch über deren Protokolldateidatei überwachen

System Center 2012 Configuration Manager Support Center

Mit dem kostenlosen Microsoft-Tool Support Center Viewer erstellen Sie ein Zip-Archiv, das alle wichtigen Logdateien und Einstellungen Ihrer SCCM-Infrastruktur enthält. Dieses Tool benötigen Sie zum Beispiel für das Öffnen eines Microsoft Support-Calls, oder wenn Sie zu anderen Spezialisten wichtigen Informationen versenden wollen. Auch für die eigene Analyse macht das Tool Sinn. Laden Sie sich das Support Center für SCCM bei Microsoft und installieren es auf einem Ihrer SCCM-Server (http://www.microsoft.com/en-us/download/details.aspx?id=42645). Das Tool benötigt das .NET Framework 4.5.2.

Nach der Installation starten Sie das Tool über die Startseite von Windows Server 2012 R2. Nach dem Start wählen Sie über *Collect Select Data* aus welche Daten Sie sammeln wollen. Nachdem alle Daten ausgelesen wurden, wird automatisch eine ZIP-Datei erstellt. Sie können über die verschiedenen Registerkarten im Tool in Echtzeit wichtige Daten aus SCCM auslesen um Probleme zu beheben. Auch die aktuellen Clienteinstellungen zeigt das Tool an. Das Programm zeigt wichtige Informationen zum aktuellen Zustand aller SCCM-Server an.

Sie können sich mit dem Support Center auch mit einem anderen SCCM-Server im Netzwerk verbinden und Daten auslesen. Dazu öffnen Sie eine Remoteverbindung und geben die Daten des Servers ein.

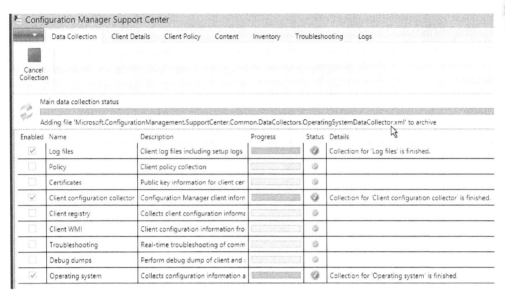

Abbildung 1.54: Zusammenstellen aller Daten aus dem SCCM-Netzwerk

Neben dem Sammeln von Daten und Anzeigen von Informationen im Support Center, können Sie mit dem integrierten *Support Center Viewer* auch die erstellen ZIP-Dateien auslesen und die Daten auswerten. Dazu müssen Sie den Support Center Viewer nur starten und die ZIP-Datei öffnen.

Warnungen im SCCM-Netzwerk

In der Verwaltungskonsole sehen Sie über den Bereich *Überwachung* welche Fehler in der SCCM-Infrastruktur vorliegen. Sie können Warnungen beheben, ignorieren oder kommentieren. Tritt ein solcher Fehler noch einmal auf, bekommen Sie den Kommentar angezeigt und erhalten so die Information, wie Sie den Fehler ursprünglich behoben haben oder auf was geachtet werden muss.

In den Warnungen sehen Sie den Status aller Komponenten und können über das Kontextmenü von Warnungen Einstellungen vornehmen und sich alle kritischen Fehler zentral anzeigen lassen.

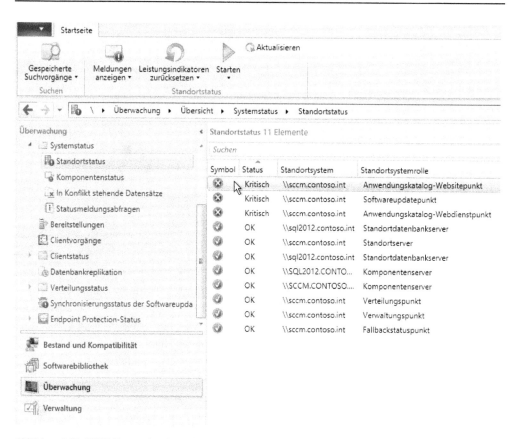

Abbildung 1.55: SCCM überwachen Sie in der SCCM-Verwaltungskonsole. Hier ist auch der Status der Organisation zu sehen

Impressum

Thomas Joos

Hof Erbach 1

74206 Bad Wimpfen

E-Mail: thomas.joos@live.de

Verantwortlich für den Inhalt (gem. § 55 Abs. 2 RStV):

Thomas Joos, Hof Erbach 1, 74206 Bad Wimpfen

Disclaimer - rechtliche Hinweise

§ 1 Haftungsbeschränkung

Die Inhalte diesem Buch werden mit größtmöglicher Sorgfalt erstellt. Der Anbieter übernimmt jedoch keine Gewähr für die Richtigkeit, Vollständigkeit und Aktualität der bereitgestellten Inhalte. Die Nutzung der Inhalte des Buches erfolgt auf eigene Gefahr des Nutzers. Namentlich gekennzeichnete Beiträge geben die Meinung des jeweiligen Autors und nicht immer die Meinung des Anbieters wieder. Mit der reinen Nutzung des Buches des Anbieters kommt keinerlei Vertragsverhältnis zwischen dem Nutzer und dem Anbieter zustande.

§ 2 Externe Links

Dieses Buch enthält Verknüpfungen zu Websites Dritter ("externe Links"). Dieses Buchs unterliegen der Haftung der jeweiligen Betreiber. Der Anbieter hat bei der erstmaligen Verknüpfung der externen Links die fremden Inhalte daraufhin überprüft, ob etwaige Rechtsverstöße bestehen. Zu dem Zeitpunkt waren keine Rechtsverstöße ersichtlich. Der Anbieter hat keinerlei Einfluss auf die aktuelle und zukünftige Gestaltung und auf die Inhalte der verknüpften Seiten. Das Setzen von externen Links bedeutet nicht, dass sich der Anbieter die hinter dem Verweis oder Link liegenden Inhalte zu Eigen macht. Eine ständige Kontrolle der externen Links ist für den Anbieter ohne konkrete Hinweise auf Rechtsverstöße nicht zumutbar. Bei Kenntnis von Rechtsverstößen werden jedoch derartige externe Links unverzüglich gelöscht.

§ 3 Urheber- und Leistungsschutzrechte

Die auf diesem Buch veröffentlichten Inhalte unterliegen dem deutschen Urheber- und Leistungsschutzrecht. Jede vom deutschen Urheber- und Leistungsschutzrecht nicht

www.ingramcontent.com/pod-product-compliance
Lightning Source LLC
Chambersburg PA
CBHW061033050326
40689CB00012B/2794

zugelassene Verwertung bedarf der vorherigen schriftlichen Zustimmung des Anbieters oder jeweiligen Rechteinhabers. Dies gilt insbesondere für Vervielfältigung, Bearbeitung, Übersetzung, Einspeicherung, Verarbeitung bzw. Wiedergabe von Inhalten in Datenbanken oder anderen elektronischen Medien und Systemen. Inhalte und Rechte Dritter sind dabei als solche gekennzeichnet. Die unerlaubte Vervielfältigung oder Weitergabe einzelner Inhalte oder kompletter Seiten ist nicht gestattet und strafbar. Lediglich die Herstellung von Kopien und Downloads für den persönlichen, privaten und nicht kommerziellen Gebrauch ist erlaubt.

Die Darstellung diesem Buch in fremden Frames ist nur mit schriftlicher Erlaubnis zulässig.

§ 4 Besondere Nutzungsbedingungen

Soweit besondere Bedingungen für einzelne Nutzungen diesem Buch von den vorgenannten Paragraphen abweichen, wird an entsprechender Stelle ausdrücklich darauf hingewiesen. In diesem Falle gelten im jeweiligen Einzelfall die besonderen Nutzungsbedingungen.

Quelle: Impressum erstellt mit Juraforum.